# 豪宅营销
## 的十大创新思维

唐安蔚 / 著

中国建筑工业出版社

图书在版编目（CIP）数据

豪宅营销的十大创新思维／唐安蔚著．—北京：
中国建筑工业出版社，2020.7
ISBN 978-7-112-25159-9

Ⅰ.①豪… Ⅱ.①唐… Ⅲ.①住宅-市场营销学
Ⅳ.①F293.352

中国版本图书馆CIP数据核字（2020）第082686号

  中国房地产行业正处于重要转折期，在"房住不炒"的背景下，中国人对商品房的需求正在大幅度升级，改善型住房、再次改善型住房以及豪宅越来越得到国人的青睐！
  该书是作者花费了半年多时间、走访全国50多个豪宅撰写而成，深入了解中国当前知名豪宅的先进理念和操盘手法，调研了豪宅客群的购房逻辑，提出了"豪宅精细化营销"的思维模式和营销理念，并以此为核心，在客户购房的思维、豪宅价值感营造、豪宅创新型推广、豪宅销售端升级、豪宅服务营销和豪宅渠道营销等方面提出了具象化的思维方式和精细化的建议。
  该书从着眼于豪宅的操盘思维，从十大创新思维为主线，读者可以通过思维模式的转变深谙豪宅营销之道，提升操盘技巧，适用于房地产营销领域从业人员阅读。

责任编辑：毕凤鸣 封 毅
版式设计：锋尚设计
责任校对：王 瑞

## 豪宅营销的十大创新思维
唐安蔚 著

\*

中国建筑工业出版社出版、发行（北京海淀三里河路9号）
各地新华书店、建筑书店经销
北京锋尚制版有限公司制版
北京富诚彩色印刷有限公司印刷

\*

开本：787×960毫米 1/16 印张：15¼ 字数：211千字
2020年7月第一版 2020年7月第一次印刷
定价：158.00元
ISBN 978-7-112-25159-9
（35934）

**版权所有 翻印必究**
如有印装质量问题，可寄本社退换
（邮政编码100037）

## 作者的话

2013年10月，我出版了《豪宅营销的66个细节》一书，那是我走访了27个城市，参观了100多个项目总结而来的销售经验。我清晰地记得，2018年初的一天，有位读者问我在哪里可以买到这本书，我翻开尘封数年的书，发现多数案例已经很陈旧了，甚至有些观点都被自我否定了，当即心生一念：重新写一本关于豪宅营销的书！

为了给大家提供最新的豪宅资讯和案例，我决定再次出发，到豪宅的前沿城市去，寻找当前优秀的豪宅，汲取更多、更优秀、更先进的理念。于是，2019年6月份，我踏上了为期近半年的"豪宅之旅"，共计参观了50多个代表性豪宅。

为了给大家提供更好的阅读体验，在创作此书时，我主要秉承三个原则：

第一，豪宅营销与普通项目营销最大的不同是思维方式上的转变，对营销的精细化思维要求极高，因此本书以讲述思维模式为主、营销技巧为辅，如果能将思维模式彻底转变，豪宅营销的所有问题也就迎刃而解了。

第二，在讲究"干货"的时代，大家都喜欢看案例，于是我在把思维模式讲清楚的前提下，尽量增加案例的阐述。全书共提及了50余个项目，为大家详细剖析了30个豪宅案例，其中85%以上的案例是近三年依然处于销售期的，尽量还原中国最新的豪宅思想和销售理念。

第三，为保证学术的严谨性，里面涉及新型观点，基本上是经过客户调研和对一线操盘手的访谈以及本人操盘经验总结而来，如果涉及不同观点，欢迎各位提出宝贵意见。

如果这本书能给大家带来微弱的帮助，我将倍感荣光；如果没有，还请见谅，我已经付出最大的努力，以后我将继续深化内功，力求创作出让大家满意的作品！谢谢大家！

唐安蔚<br>
2020年3月于杭州

## 目录

### 创新思维 1
新时期下，只懂得营销招数的人行走不了江湖，内功深厚的人方能威震武林！

01　豪宅营销的精细化时代 / 002
02　豪宅场景精细化营造要点 / 012
03　豪宅策划精细化要点 / 023
04　豪宅销售精细化要点 / 034
05　豪宅渠道精细化要点 / 041

### 创新思维 2
在贫富差距明显的今天，穷人购买的是"昂贵品"，富人才有资格讲究"性价比"。

06　富人思维与刚需思维 / 052
07　豪宅高溢价深度解读 / 061

### 创新思维 3
价值体系的搭建是豪宅营销的核心？那你说得清价值吗？记住，价值是由"感觉"决定的！

08　豪宅价值标签 / 066
09　豪宅"感觉"营造手法 / 074
10　豪宅文化的价值提炼 / 085

### 创新思维 4
定位高端化已然成为房地产营销的门槛，但是，若豪宅的定位没有"排他性"就会立即没腔调！

11　豪宅排他性形象的重要性 / 094
12　豪宅排他性形象打造手法 / 098
13　基于富人习惯的豪宅推广手法 / 106

### 创新思维 5
房地产营销需要深谙中产阶级的人性，但是豪宅营销必须聚焦"少数人"的内心！

14　中产阶级与富人的区别 / 114
15　富人的"豪宅观" / 121
16　富人阶层兴趣爱好探析 / 130

## 创新思维 6

永远不要仰望你的客户，纵然他身价不菲；
永远都要俯视你的对手，纵然它傲立高冷！

17　豪宅客群特征与销售端应对方式 / 138
18　圈层营销运用手法 / 144

## 创新思维 7

不要以为豪宅客户唯我独尊、难以引导，
当你抓住了"痛点"之后，
他会爱上项目，而且成为你的"粉丝"！

19　需求与痛点的区别 / 156
20　客户需求的引导策略 / 162

## 创新思维 8

比奢侈品更贵重的是"定制品"，遗憾的是，
豪宅产品定制难度重重，但服务可以定制！

21　豪宅服务营销操作要点 / 170
22　策划层面的精细化服务 / 178
23　豪宅社群营销操作要点 / 182

## 创新思维 9

不要玩"套路"，
将豪宅的每一件事情做到极致且有意义，
客户自然倾心于你！

24　富人购房过程解析 / 194
25　豪宅"零套路"成交要点 / 197
26　高端客户价格谈判要点 / 201

## 创新思维 10

豪宅之渠道营销，
是天下最简单的渠道营销，
其成功核心是"执着的心态"！

27　豪宅客群的寻找通路 / 210
28　豪宅常用的拓客手法 / 216
29　高端客户的导入手法 / 223
30　数字化营销操作要点 / 231

后记 / 235

# 创新思维 1

新时期下,只懂得营销招数的人行走不了江湖,

内功深厚的人方能威震武林!

# 01

## 豪宅营销的精细化时代

金庸先生笔下诞生了无数精妙绝伦的武功，最为出名的莫过于"降龙十八掌"。曾经有一位记者问过金庸先生："在您的笔下共有6个人会降龙十八掌，您认为哪一个人最厉害？"金庸先生说："当属萧大侠！因为萧大侠的性格与这套拳法是最像的。"但是有众多"金庸迷"提出了不同意见，他们认为比萧峰更厉害的还有两人：郭靖和虚竹。因为郭靖凭借"九阴真经"得以内功精进，而虚竹身藏"逍遥三老"两百多年的内力，连洪七公版本的"降龙十八掌"都源自虚竹，因此虚竹当属"降龙十八掌"的第一强者。

武功孰低孰高纯属饭后谈资，但是越来越多的人达成了这样的共识：**内功的深浅才是决定一个人武艺高低的重要标准！**

武功如是，营销人的"功力"亦如是。

房地产行业发展迅猛，高端项目越来越多，身处一线城市的地产人会发现：整个城市已经进入了轻豪宅或豪宅时代；身处二三线城市的地产人会发现：地产的产品格局已经快速进入改善或再改善时代。纯刚需时代已经渐行渐远，很多地产营销人不得不开始学习豪宅营销的"套路"，学习了很多招数，看过很多豪宅案例，也聆听了众多名师的教诲，内心反倒更加迷茫了，最后不得不回到原点：还是摸着石头过河，在实践中自己总结吧！

招数真的那么重要吗？

有人说：豪宅营销除了产品取胜之外，最大的注意点应该是营销手法高端化！

我们细细思考：豪宅的营销招式与普通项目的营销招式真的要那么泾渭分明吗？普通项目可以派发海报，豪宅不可以吗？普通项目可以做快闪活动，豪宅不可以吗？普通项目可以做暖场活动，豪宅不可以吗？普通项目可以启动分销，豪宅不可以吗？

很显然，普通项目的招数依然适用于豪宅项目，但最大的不同是：普通项目注重的是招式，而豪宅最注重的则是内功！在派发海报过程中，豪宅项目可以选择让青春靓丽或是帅气逼人的模特去派发；做快闪活动，豪宅项目可以重点输出文化气息；做暖场活动，豪宅项目可以与高端资源方合作做圈层活动；启动分销，豪宅项目可以选择高端经纪人……

所以说，豪宅项目对操盘团队的内功要求是很高的，尽管豪宅营销的基本逻辑是非常简单的（图1-1）。

细品一下这三个步骤，我们会发现"大部分人都知道"需要解决的是推广与传播的问题，"少部分人去争抢"需要解决的是渠道拓客的问题，"极少部分人去拥有"则要解决销售与服务的问题。

图1-1 豪宅营销的基本逻辑

看似简单的逻辑，每一步都需要我们精心对待，每一个环节都需要精心设计——

它主张操盘手要有战略高度和细节的管控能力，它主张策划在品质管控上和场景营造方面有着几近严苛的要求，它主张销售部门在销售动作的细节设计上不断细化，在服务意识上大幅度提升，它主张渠道部门在运用大客户模式时更加专业地为客户提供解决方案……

对于豪宅营销来说，考验的并不是营销招数的熟练程度，而是思维方式的转变程度！

对于豪宅营销来说，内功就是精细化的管理和执行能力！

这个世界早已走进了精细化时代：来自我国宝岛台湾子村庄园设计研发的一款艺术性茶包产品——小金鱼茶包，一经推出就广受好评，折叠在包装内的小茶包也许毫无生气，但一经过热水的浸泡，随着内置茶叶渐渐舒展、膨胀，小金鱼的体态就变得丰盈和生动起来，仿佛一只斑斓的金鱼在茶杯中游动，让喝茶这一过程变得更为有趣、美好。这个研发团队面对茶叶市场竞争时并没有拼产品，也没有拼大师，更没有拼文化，而是通过精细化思维转变战略：拼外形！这一精细化思维赋予了产品极大的附加值，网上的销售价格高达628元/50克。

商品房属于大宗交易，豪宅更是稀有产品，就连一个小小的茶包都有这样的精细化思维，我们作为豪宅操盘人更应该把精细化思维贯穿项目始终。

那么，我们该如何构建豪宅的精细化思维呢？笔者经过多年研究，特向大家介绍"精细化营销十二问"模式（图1-2）。

## 1. 市场三问

我们在做任何一种营销动作之前要对市场尤其是竞争态势有一个系统的分析，

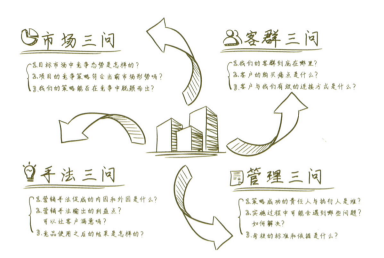

图1-2
豪宅营销精细化
思维十二问

豪宅项目的竞争看似没有刚需盘和改善盘那么激烈,但我们一定要明白,由于豪宅的客群基数少,客户重叠率较高,多数竞品采用的是线下的"暗战"模式,在这样的模式下,"产品竞争策略"是操盘手最惯用的方式,所以我们需要对竞争项目的产品策略、营销策略、服务策略等进行系统分析,而不是简单的销售情况、销售价格等方面的分析。

### (1) 目标市场中竞争态势是怎样的?

竞品的产品结构与我们相似度是多少?竞品的客群定位与我们的相似度是多少?他们的核心竞争力是什么?他们的推盘对我们有多少影响?他们是否有较大力度的促销措施……如果竞争趋于平稳,那么就给我们的营销动作带来契机;如果竞争过于激烈,我们则要考虑第二个问题。

### (2) 项目的竞争策略符合当前市场形势吗?

其实就是一个核心问题:我们提出的整体竞争策略能否给竞品带来压力?比如,我们的客户争抢方式是什么,此次营销动作是否适应目前的市场环境?是否有必要一定要去做?

**（3）我们的策略能否在竞争中脱颖而出？**

如果第二个问题想明白之后，确定这件事情一定要去做，我们就要开始衡量我们做得是否彻底？怎么样做会起到更好的效果？在豪宅营销中，没有无缘无故的营销动作，要么不做，要做就必有所得！

## 2. 客群三问

长久以来，地产营销人会常犯一个错误：**有定位，但不到位！**尤其在客群定位方面，这个错误的发生率特别高，"经济实力强""私营业主""圈层人士"等成为我们常用的定位字眼。但我们要知道，中国目前已经至少有1.3亿的新中产阶级，这部分人是改善盘、轻豪宅和豪宅项目的主要客群，我们必须将这部分人再次细分直至找到符合项目定位的客群。

**（1）我们的客群到底在哪里？**

豪宅客群并不难找，他们常去的地方比普通老百姓要少，他们要么在企业中担任中高层职务，要么在各类高端资源的数据库内，要么回归到高端社区里，我们只要掌握好目标客群在这个城市内的活动轨迹，就可以找到突破口与他们建立联系。

**（2）客户的购买痛点是什么？**

"痛点"是站在客户维度的一个名词，而不是我们常说的"卖点"。在这方面我们会犯两个错误，一是错误地将"卖点"强加给客户，二是针对不同的客户却输出同样的卖点。在精细化思维中，我们希望操盘团队首先要精心分析客户真正的成交诱因，组织成为营销语言或广告语言，然后再针对不同的客户输出不同的"**痛点**"。

（3）客户与我们有效的连接方式是什么？

搞清楚这个问题就等于搞清楚了我们的渠道策略与推广方式，做到有的放矢、精准接触，砍掉无效劳动，节约营销费用。

## 3. 手法三问

我们常常会发现一个问题：为什么同样的一件事情，不同的人去做却会带来不同的效果？是我们的营销手法运用得不对吗？显然不是，问题依然出在精细化思维上。

（1）营销手法促成的内因和外因是什么？

运用任何一种营销手法之前，我们都要考虑一个问题：怎么样做得更好？换句话说，能够出色完成的保障措施是什么？营销手法的促成分为内因和外因，内因主要包括团队的邀约能力、活动的组织创新能力、物料的精细化设计、吸引客户的方式等；外因主要包括资源方的激励、第三方的整合能力和执行能力、潜在危机的处理等。

（2）营销手法输出的利益点？可以让客户满意吗？

无论做什么，客户的满意是我们的第一要务，哪怕是一场暖场活动，哪怕是一次派单行动。客户的满意度在于我们传递给客户的方式，在于我们输出的广告诉求，在于我们营造的氛围……豪宅客户尤其注重"感觉"，感觉不对，这个项目很快会被他从选项中剔除。

### （3）竞品使用之后的结果是怎样的？

比如同样开发某商会资源，我们拿到这个资源的时候不应该快速地"满足商会的要求"，而是要调查一下该商会之前有没有和别的开发商合作过，合作的效果到底是怎样的，如果我们判断商会的资源比较好但竞品却没有成交，那么我们就应该好好分析零成交的原因到底是什么，我们该如何改进。

## 4. 管理三问

如果以上9个问题都解决了，那么下一步就要解决"管理与执行"问题了，如果一个营销动作没有过程管控，缺乏考核机制，最终只能成为形式主义。

### （1）策略成功的责任人与执行人是谁？

明确好责任人、执行人，设置好跨部门或跨公司之间的配合机制，每一个环节都应该有责任主体和执行主体，豪宅营销注重的就是细节管理，"抓大放小"不是豪宅营销人应有的作风。

### （2）实施过程中可能会遇到哪些问题？如何解决？

领导力专家樊登曾经说过：根本就没有所谓的执行力，执行力的缺失归根结底是领导力的缺失！这句话非常有道理，我们做任何事情都应该把"保障措施"时时铭记于心，"墨菲定律"告诉我们世界上没有容易的事，只有把各个方面想周全了，遇到突发状况我们才能游刃有余。

### （3）考核的标准和依据是什么？

很多人认为营销的动作是无法考核的，只有销售的结果可以量化，这是错误的认知。策略的有效性可以考核，广告的效果可以考核，导客的质量、派单的效果、暖场的效果、销售员的跟进效果、中介的开发效果、陌生拜访的效果、客户维护的效果等，均可以实现考核。

在豪宅项目的操盘过程中，为了养成团队的精细化思维，笔者建议项目主要操盘手要承担起下达周任务和月任务的责任，并且将每个模块的工作细化，然后再将这些细化的工作下发给团队，让团队成员予以补充。当团队形成精细化思维之后，再把这些工作交还给团队，这是可以快速提升领导力和精细化思维的有效方式。

纵观这"精细化思维十二问"，我们发现需要做的工作还有很多，似乎每一件事情做成功都不容易，但是一旦我们形成这种思维模式，就会形成根深蒂固的惯性。

豪宅项目适用于这个模式，其他项目依然适用。

为了能够让大家灵活运用这一思维模式，我们举两个案例供大家参考：

#### 某豪宅项目的精细化暖场活动

2019年夏，上海青浦镇某豪宅项目举办了一次"青少年高尔夫推杆比赛"，有意思的是参赛者并不是以个人为单位的，而是以家庭为单位，主办方要求父母必须参与。

活动当天，来访了15个家庭，经过专业的教练指导之后，比赛正式开始。就在比赛的过程中，我们发现除了裁判和一些服务人员之外，有两个人一直在观看比赛的全过程，时而短暂交流，时而埋头记录，如果不细心观察的话，根本没有人发现这两个人的存在。

活动结束之后，15个家庭满载而归，看起来对活动的组织非常满意。然而，一个星期之后，他们被再次邀约至售楼处，每个家庭均拿到一份专业且规范的"家庭成员交流建议书"，这份建议书里对每个家庭成员的交流细节、交流方式、互动方式等进行了详细的点评，并且分别给家长和孩子提供了改进措施。

这15个家庭惊呆了，没想到一场看似简单的推杆比赛，竟然获得了这样意外的收获！那两个人来头不小，一位是著名的成长教育学家，一位是知名的心理学家。

暖场活动是很多项目最喜欢做的营销方式之一，但大多数暖场活动只注重人气的聚拢而忽视了对客户的关爱。案例中的暖场活动在形式上并无太多的创新，但是策划团队运用了精细化思维模式，把客户的需求摸清，把营销手法细化，直击客户的"痛点"，并且给予了解决方案。整体活动规模虽小，但流程有序，管理到位，为客户提供了愉悦的、超出期望的体验。"精细化思维"在整个活动中发挥得淋漓尽致！

### 某高端项目"大师级"的派单行动

2018年3月，地点是苏州园区。

有一天我因事开车回家，车子刚开到地库，就发现今天的地库与平时不一样：一大片粉色的气球被分别放置在一些汽车的前挡风玻璃上。

我停下车之后，看到两三个派单人员在一些汽车旁放置气球。我觉得很有意思，但没有多想径直上楼去了。

大约40分钟后，我下楼取车，到了地库之后发现一个问题：我都离开40分钟了，为什么我的车上没有被放上气球呢？而且我发现并不是所有的车上都放置气球。于是我顺手拿起了旁边车上的单页阅读了一下，粉色的单页甚是醒目，主题是：约"惠"女神节！

刹那间我明白了一切：原来此次派单的目标客群是女性！而这支派单团队为了进行精细化派单，通过车子的型号或内饰来判断车主的性别。尽管一只气球的成本并不高，但是派单团队为了可以直击目标客群，竟然可以精细化到这种程度，着实令人惊讶！

派单是成本较低的、运用最广泛的一种推广和渠道方式，但是极其考验管理者和执行者的精细化思维。这个案例应该给我们带来很多思考：此次面向的客群是谁？客群量有多少？通过什么样的方式传递给客户？海报的广告诉求是什么？海报的形式设计上是否有创新？海报上有客户的来访理由吗？需要多少人去派发？怎么样有效管理和有效考核？这些问题都想明白了，势必事半功倍！

当然，我们并不奢望这12个问题你都能明确地答出，如果刻意按照这个模型去管理和执行的话反倒会影响工作效率。我们不妨把这四种"三问"按照一定的权重去打分，"市场三问"权重10%，"客群三问"权重40%，"手法三问"权重30%，"管理三问"权重20%，每一项的满分是10分，总分理应也为10分，如果分数达到8分以上，笔者认为此事去做必可获得成功！

# 02

## 豪宅场景精细化营造要点

豪宅卖的是什么？感觉！

如何让客户拥有无与伦比的感受？当然要靠体验。

体验营销在中国已经喊了几十年了，但极少有开发商把"体验营销"具象化，多数人认为豪宅就是要奢华，让客户看得目瞪口呆就算成功了。请注意两个问题：第一，大多数项目并不是"顶级豪宅"，尽管品质上乘，但遇到汤臣一品、深圳湾一号这样的项目就会黯然失色；第二，在操作"非顶豪"项目时，过分渲染奢侈与豪华反倒会拉远项目与客户的距离。直至绿城提出了"生活场景营造"理念，让普通型豪宅的营销方式有了概念上的依据。

再者，随着品质型项目的日益丰富，有些所谓的"豪宅"在产品上失去了优势，大多数开发商会通过售楼处营造、样板房的主题式营造、样板区的互动式营造等手法来增强客户的体验，尤其是近年来出现了一批诸如"爱马仕主题样板房""3D MAX空中主题样板房"等产品，但客户的感受平平。大多数客户会在同一天看两个以上的项目，然而几天之后就会很快把项目遗忘，我们精心构建的产品体系没有发挥出应有的作用。

为了解决以上问题，我们需要通过"场景精细化营造"手法打造一个既有豪宅

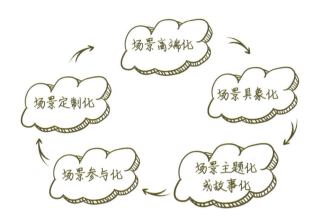

图1-3
豪宅场景精细化五项基本原则

范儿，又能让客户铭记的现场氛围。

对于豪宅营销来说，现场即气场，气场才是第一成交力！

关于场景精细化问题，我们提出了五项基本原则（图1-3）。

"场景高端化"比较容易理解，现场展示的任何场景必须要高规格，与项目定位高度匹配。"场景具象化"指的是项目输出的任何卖点都必须要有一定的依据和支撑，并且采用形象化的形式呈现给客户。"场景主题化或故事化"指的是场景要与项目的核心卖点相呼应，"奢华"不是核心卖点而是门槛；每一个场景都有可以让客户愉悦的故事，如临其境，感同身受。"场景参与化"讲究的是展示为辅，互动为主，让客户在与产品的参与中感知未来的生活。"场景定制化"是最高要求，需要我们针对主要客群，定制一套直达客户内心的且超越客户期望的场景体系。

场景的营造都是以点带面的，只有将每一个细节做好才能给客户带来立体的感官享受，在潜移默化中得到客户的认可，在价值的不断累加和认同中促进成交。

那么，我们要从哪些方面来营造精细化的场景呢？请见图1-4。

1. 营销中心精细化

营销中心是客户的第一个接触点，开发商势必会重金打造。但是作为营销人，

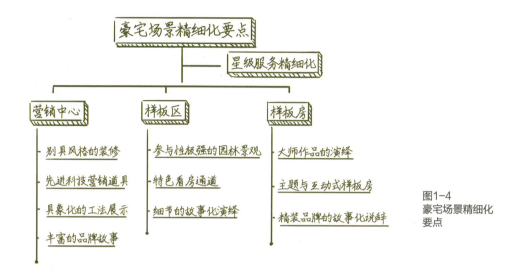

图1-4
豪宅场景精细化要点

我们应该赋予这座富丽堂皇的空间一些文化内涵。比如位于深圳南山大学城片区的宝能城项目，在售楼处内部倾心打造了一个4000平方米的册之丘文化书社（图1-5），在这里，设置了2250平方米的书吧供客户静心阅读，客户还可以在80平方米的咖啡馆里悠然休闲，更可以在120平方米的展示美学馆里体验匠心，或可以在150平方米的儿童馆与240平方米的屋顶花园的缤纷中玩耍。"册之丘"这个名字本身就非常有即视感："册"意为古代编串好的竹简，与书不同的是它更系统地被编排；而"丘"又不同于山，它没有山石那么高深。设计师的初衷是希望每一位到此处的客户，可以轻松地阅读，亦可以享受惬意的生活。

关于营销道具的科技化问题在5G技术日渐纯熟的当下并不是稀有产物，中国的南方地区更是乐此不疲，深圳的"卓越前海一号"引进了智能互动一体机、"中洲湾"项目的高科技影音室等不胜枚举。可以说，智能化展示已经成为高端项目的标配。笔者重点想谈的是卖点的形象化演绎，传统的做法是通过现场展板或LED屏幕进行输出，但是如何让客户相信？比如北方人很注重雾霾问题，是否可以在屏幕上动态显示该城市各个区域的PM2.5的数值？

"工法展示"存在的问题尤为突出，因为产品的主要卖点通常是通过"工法展

图1-5
宝能城售楼处内的
文化书社

示"来解决的,如果我们想告诉客户玻璃的降噪功能和密封性、地下室的防水性能、地暖的工作原理、中央除尘的便捷性、智能化的优越性等,我们必须以动态、实物的形式展示出来,纯粹的静态或图片展示是无法让客户信服的。

"品牌墙"是众多开发商在营销中心必做的道具之一,主要通过开发商的版图去渲染其综合实力,但我们要知道:凡是能做豪宅的,开发商实力都不会差。我们应该包装一些故事来印证开发商或掌舵人的匠心精神。

## 2. 样板区精细化

样板区是展示生活场景的重要营销阵地,多数置业顾问喜欢带客户走马观花,其实这里才是展现项目硬实力的主要场所,所以我们在带看形式和带看动线上都需要精心设计。

如果你走进苏州桃花源项目,首先迎接你的不是置业顾问,而是一位身穿旗袍

图1-6
恒大滨江华府
欧式园林景观

的客服人员,她首先会带你参观样板区,把园林特色、营造故事、建筑环境艺术知识等向你娓娓道来,她鼓励你驻足欣赏美景,鼓励你坐在亭子里休憩,感受这座中式园林带来的苏式雅趣生活,一直等到你欣赏尽兴才引你进入售楼处交由置业顾问接待。

众所周知,豪宅是不缺卖点的,在样板区里我们不需要灌输过多的卖点,只要讲述一些生动有趣的故事就可以给客户带来强烈的震撼。

如位于上海浦东陆家嘴商圈的"恒大滨江华府"项目,均价11万元/平方米的它拥有奢华的欧洲皇室风格景观,门口仅一棵香樟树就有120年的树龄,据说这是开发商找遍了全世界100多种名贵的树之后选定的;雕塑、围栏、穹顶,甚至连垃圾箱都是全铜的,仅仅园林景观就用了38吨的铜(图1-6)。北京的"紫辰院"项目更是"阔气",400年以上的古树就有十几棵,最古老的一棵树已经1300岁了,客户一听到这些故事首先映入脑海的一定是开发商对产品的极致追求,其次是对文化传承的浓浓情怀。

## 案例分析

### 保利和光尘樾样板区"五感沉浸式体验"

2017年8月5日，北京保利和光尘樾项目"光之舍28合院"样板房盛大开盘，众多潜在客户与媒体被邀请于傍晚之后齐聚样板区，共同体验了一把"五感沉浸式"样板区的魅力。

当光之舍的大门缓缓开启，清雅质朴的古琴乐曲汩汩流出，园林禅音如清泉涤荡心耳。听懂光的声音，启悟光之舍的建筑境界，这是五感沉浸式体验的第一环节——听觉。

跟随工作人员的引导，步入屋内，主办方竟要求来宾去鞋穿袜，颇有些离经叛道的意味。脚底换上柔软舒适的鞋套，可以很轻易地与大地和石材亲密接触。用手去抚摸墙面材质，用脚去感知大地芬芳，触知真实，感受光的材质。这是第二个环节——触觉。

顺着如天井一般的楼梯迈入地下，观看大片盛宴。舒适的皮质沙发，放松身心，观看建筑大师对和光尘樾设计理念的解读，用眼睛与建筑交谈。建筑是有形的，光是无形的，以有形对无形，看到光的空间布局。这是第三个环节——视觉。

雁过留声，人过留香。布局精巧细致的女主人空间，铺洒香气。轻嗅阳光的味道，在馥郁气息中窥见自然的写意。精心准备的伴手小礼，送出一室光的香气，读懂光的气味。这便是第四个环节——嗅觉。

水榭风景，烟波袅绕中，架空水系之上的茶歇台，摆布各式茶点饮品，充满仙气的分子料理让味蕾得到极大的满足。用唇齿品读建筑气质，五感之品，彰显建筑淡泊观的品性。这是第五个环节——味觉。

该样板区开放活动采用了与众不同的沉浸式体验，将人的五感与样板间体验相融合，充分展现人与建筑的和谐相处的理念。

### 3. 样板房精细化

华而不实是目前豪宅项目样板房的通病，业内人士成为"四无产品"：无法参与、无法接近、无主题、无记忆。在精装修盛行的今天，很多豪宅样板房成为奢侈品品牌的聚集地，根本无法将价值真正地传输到客户心里。

我们前文强调过：豪宅是永远不缺产品卖点的。那我们缺的是什么？是把价值有效传递给客户的方法！

样板房是展示楼盘形象和品位的关键空间，通过声、光、色、影、味创造出立体式的感官氛围，利用空间布局、材质搭配等方式演绎业主未来的家居生活场景，使人更真切地感受未来的生活空间，激发购房者的购买欲望。样板房可以说的故事太多，我们绝对不可以把每一件建材、饰材、家电等品牌和优势强行灌输给客户，因为客户在走进售楼处的时候在心里就已经有了一定的品质认知，我们要做的是进行场景化或故事化的演绎。

#### （1）通过大师赋予产品稀缺价值

多数样板房出自知名设计师之手，通过对设计师的介绍可以拔高项目的调性，快速获得客户的认同。要知道，我们的调研发现，富豪阶层和中产阶级是非常乐意为"稀缺"买单的，设计师作品的绝对排他性给产品带来了特有价值。

比如深圳湾一号项目的样板房集合了国内外十大顶级设计师的驻足，如全球梦幻设计女王Kelly Hoppen、世界设计界"教父"YabuPushelberg、国际室内建筑师

图1-7
梁志天主导设计的样板房

联盟主席梁志天（图1-7）、国际跨界设计女王Patricia Urquiola等，每一件设计作品都具有唯一性，每一件作品都有其独特的思想，产品价值不言自明，让客户如获至宝。

### （2）主题化与定制化的私享空间

客户买豪宅是为了什么？有人说是为了享受更好的生活。这话说对了一半，确切地说是为了享受专属于自己的品质生活，他们在商场中叱咤风云，回到家里后除了舒适之外还能依然保持着"性格低调但又内心张扬"的生活态度，用一句广告语来形容他们的心态最为贴切：做人生的国王！

"定制化"并非真正意义上的定制，而是基于对客户性格和行为的精准把握，主力客群希望自己的空间应该具备什么样的属性，样板房就应该按照他们的要求去做，但千万不要忘了：必须超越他们的期望。

位于上海徐汇龙华商圈的"云锦东方"项目均价超过11万/平方米，有一套建筑面积为480平方米的样板房,其风格就是"女王范儿",全套家具采用来自意大利的卡沃利品牌,该品牌以其狂野性感的风格成为时尚潮流的先锋。豹纹与皮草元素的融入、三段步入式的主卧设计,完全满足了"时尚女王"对家的苛求。

再如位于苏州金鸡湖畔的丰隆城市中心,有一套85平方米的香奈儿主题样板房,面向的客户就是事业有成、对生活品质有着强烈要求、生活独立的女性高管,样板房一经推出就获得了客户的高度认同,成为女性客户争抢购买的热销房源。

当然,要想增加样板房的互动性和主题性还有很多办法,你们是否想过在样板房里和客户一起吃一顿丰盛的西餐?是否能够做到客户进入样板房之前就悬挂好客户的照片?为了"讨好"孩子,是否可以在客户进入样板房之前就准备好孩子喜欢的装备或玩具?这一系列精细化的细节都是打动客户的"杀手锏"。

场景精细化的营造远不止上述内容,但主要内容和大体的方向基本囊括到了,这不仅是策划人士或品质专员的工作,更加需要一线销售人员设计好带看动线,精心编写销售说辞,灵活掌握客户心理,加之现场健全的服务体系形成强大的合力,才能锻造出强大的销售气场。

### "长城脚下饮马川"的精细化场景

"长城脚下饮马川"项目可以说是2016年和2017年文旅型别墅的"神盘",创造了年销售300余套的惊人业绩,这对于一个远郊别墅项目来说是个奇迹。项目坐落于河北承德市滦平县,紧邻古北水镇,距离北京市区大约100分钟的车程。

项目缘起一位名叫李丁的40岁中年大叔,拾得大地幸福集团董事长,他联合其他7位同样年龄的、大咖级的大叔们，众筹了这座回归生活本真的情怀小镇，努力地实现他们心中一个关于田园牧歌的生活理想。他们的品牌态度是：40岁之前，做出名堂；40岁之后，活出名堂！这不仅是造梦者的生活态度，同时喊出了项目购买群体的心声。

笔者于2017年夏天拜访该项目，尚未进售楼处就被其独特的造型吸引住了。

它的营销中心取名为"朝花夕拾·生活馆"，铜迹斑斑的门头上刻着苏东坡的词《定风波·莫听穿林打叶声》，这首词描写出那种寄情山水而又不忘初心的居士情怀，仿若重新归来，又从未离去。这一倡导回归生活本真的场景，很快地与客户产生共鸣。

在用集装箱巧妙搭建起来的生活馆内设置了等云来、听风茶、二十四食、不二堂、无事茶、三闲馆、闻香茶七个禅意功能区，每个功能区分别代表不同的生活理念，如"不二堂"取自"本一不二，不忘初心"，"三闲馆"意为"闲时、闲心、闲情"，"二十四食"倡导的是自然和健康的饮食态度……各区域精心搭配虽简单但富有意境，随意地坐在一方沙发上，看着室外的浅池，让人忘却了时间与空间（图1-8）。

图1-8
朝花夕拾·生活馆

图1-9
拾野和拾院样板房

　　经过一条蜿蜒的、砖瓦铺就的小路，走进样板房，样板房完全摒弃了奢华风，主题分别为"拾野"和"拾院"，"拾野"样板房是中式复古风与现代简约的混搭，大块的明艳浓烈色彩的运用，给人以欢欣温暖的感觉；"拾院"样板房结合了现代奢华以及自然混搭的美式乡村风格，透出一股浓烈的游牧民族狩猎风。样板间里的每一个物件，都是从世界各地淘回来的，大部分家具出自国际设计大师之手，有的甚至是孤品（图1-9）。

　　在物料设计方面，可谓是情怀满满，五种不同的物料简直可以称为艺术品，它们分别是"地中海遇见长城""大叔的江湖""小女人和大女人的梦""设计师的极简美学"和"你有多少故事 我有多少院子"。仔细品读这些物料，策划师精细到分别从男人和女人的不同角度进行阐述，精细化思维跃然纸上。

　　文案师也一定是有阅历的人，笔者最喜欢这句话——

　　岁月有风有雨，江湖有浪有潮，相同的人走在一起，就是最好的事情。我在长城脚下，有酒，有茶，有梦，等你来。

# 03
## 豪宅策划精细化要点

近年来,"策划已死"思想一直在充斥着地产圈,给地产策划人士带来强烈的危机感。喊这句口号的人要么不懂得真正的策划,要么不重视策划,笔者的观点是:策划不仅不会"死",而且在未来将扮演着越来越重要的角色。

狭义的策划指的是项目的推广传播、包装、活动、品控等,但笔者认为未来的策划在职能上会发生两大转变,第一,策划会向上游发展,产品策划、项目战略等这些对项目未来起决定性成败的工作会更加受到决策层的重视,很多开发企业称其为"大策划";第二,策划会向下游发展,"策划的渠道化"转变已然成为定局,异业联盟、数字化获客等渠道化的动作是策划职能的重要转变。

对于豪宅项目来说,策划的工作更是无可替代的,"豪宅营销的精细化思维"运用得好坏大部分取决于策划工作的精细化程度。

那么,豪宅策划精细化思维有哪些要点呢?笔者总结了以下九大要点(图1-10)。

以下九大要点中,大部分要点都比较简单易懂,本章主要为大家带来三大策划思维的执行要点:

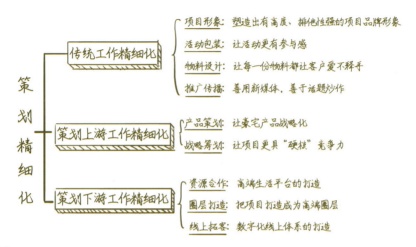

图1-10
豪宅策划精细化九大要点

## 1. "自创圈层"思维

圈层营销是豪宅营销中常用的一种营销方式,在多数人眼中,既然要卖豪宅,就应该找到这个城市中的最高圈层,经营好圈层,最终才能达成销售。

这个逻辑非常正确,但是我想问的是:既然人家是城市中的最高圈层,是城市或者行业中的精英,那人家为什么要搭理我们?

强行融入别人的圈层,你的努力会显得尴尬无比!

那么该如何有效解决这个问题呢?这个时候就需要逆向思维——自创圈层。圈层的创造并非易事,销售部干不了,渠道部也干不了,唯有策划部利用公司的品牌资源,在各类社会资源的共同合力下"圈层"才能真正形成。

最重要的是,开发商是具备做自创圈层的条件的,第一,开发商有独特的品牌优势;第二,开发商拥有大量的购房群体,而这部分群体品质很高,易整合,也正是其他资源方看重的;第三,开发商有足够的财力、人力以及媒体整合能力去创造圈层和维护圈层。

圈层的成功创造会给项目带来四大优势(图1-11)。

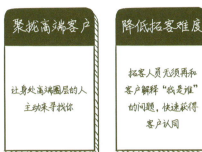

图1-11
自创圈层的四大优势

那么自创圈层的具体方法是什么呢？总体上可以分为五个步骤：

### 第一步：立足城市或区域的品牌战略

纵观过去五年"全国豪宅销售额排行榜TOP10"，我们可以明显发现，凡是热销豪宅都是区域内甚至是全国的知名豪宅，如深圳的"半岛城邦""海上世界双玺""新天鹅堡"等，上海的"海珀黄埔""融创滨江壹号院""翠湖天地"等，北京的"景粼原著""泰禾金府大院"等基本上采用的是区域范围内乃至全国范围内的品牌策略，城市范围内的豪宅也做到了家喻户晓，正如本书前文提到的豪宅营销第一步需要解决的是"大多数人都知道"的问题。

### 第二步：独特的IP输出与演绎

无论是豪宅还是非豪宅，每一个项目都应该有属于自己的IP，这个IP是对外的项目定位，同时也应该是客户的购买理由。IP形成之后，我们需要通过推广、活动等形式不断地演绎IP代表的价值，加深客户记忆点。

### 第三步：高端客群的有效聚拢

公司品牌和项目品牌知名度建立好之后，需要我们将客户从线上导流到线下，同时也将关注项目的客户导入售楼处亲身体验，这一聚拢的过程其实就是导客的过程，也是初始圈层形成的过程。

### 第四步：门槛式及跨界式的引流和筛选

当项目的流量池形成之后，我们需要将客户进行分级管理，通过门槛的不断抬高来筛选符合项目定位的客户；与此同时，丰富多样的跨界合作不仅可以将流量池做大，还可以借助其他品牌影响力拔高项目的调性。

### 第五步：持续有效的运营、维护和再筛选

圈层都是需要维护的，要想让圈层产生购买力，首先得提升项目在圈层中的影响力！高端圈层的形成需要营销部门借助公司资源进行持续的运营和维护，在运营中吸引新客户、加强客户忠诚度的同时剔除无效客户。

#### 苏州桃花源高端圈层的形成

苏州桃花源北临金鸡湖、南靠独墅湖，是一座地理位置优越、自然资源丰富、以苏式园林为主题的高端中式豪宅，它被评为2018年度"中国十大超级豪宅"，并且名列首位。

这个项目在各方面表现不俗，广告语"全球，仅此桃花源"奠定了顶级豪宅的基调，它拥有多个IP：文化、江南、苏式园林、岛屿生活……但最核心的IP则是"传世品"。

为了塑造项目的IP，操盘团队借助众多文化界、政治界和商界名人作为背书，文化界名人有马未都、陈冠中、张铁林、王琳、叶放、陈丽华、葛兆光、曹启泰等，后来还不断嫁接上海国际电影节、中国非物质文化遗产保护协会等文化资源；在政商跨界方面还整合了梁锦松、张柏、中欧商学院、阿拉善SEE生态协会等资源。

在活动落地方面，项目与苏州工商联、保时捷车友会、企业家摄影协会等高端组织开展了丰富多彩的圈层活动，涉足了包括财经、美容、养生、艺术品、茗茶、昆曲、建筑环境艺术、高尔夫等在内的几十个领域。

经过两年左右的努力，桃花源已然成为长三角高端豪宅的符号，已然成为高端人士心中的最高圈层，这为项目的品牌宣传、渠道导客等工作奠定了坚实的基础。

### 2. 推广传播互动思维

有心的策划人会发现，近年来豪宅在平面表现上似乎遭遇了瓶颈，并不是我们的平面设计师水平落后了，而是普通项目的平面调性大大提升了，导致很多豪宅项目在出街画面中很难标新立异。

面对这样的情况，我们该如何突围？笔者提出了"互动思维"方式，主要可以通过故事化的演绎和趣味化的方式去呈现，做到推广的差异化。也许有人会问：这样不会影响豪宅的高端调性吗？记住，精细化思维中并不刻意地要求大家去创新求变，而是要求任何细节都能做到极致化，故事和趣味这两个词与品质并不是完全背离的。

给大家举两个例子来阐述这一观点吧：

2017年，武汉融创壹号院项目的"蓝钻大院"产品即将问世，作为单价5万元/平方米的大平层豪宅该如何向公众输出利益点呢？策划团队从"蓝钻"两个字

图1-12
库里南蓝钻连环画（部分）

为切入点，写了一段关于"宝石"的故事，而且通过连环画的形式刊载在自媒体上（图1-12），故事是这样的——

　　自古以来，钻石一直被人类视为权力、威严、地位和富贵的象征。公元7世纪中叶，一个在印度放羊的小牧童发现了一块奇光异彩的宝石，他将宝石献给邦主，邦主将这块重达1000多克拉的钻石命名为"库里南"，即"光辉之山"，后来马尔瓦邦主家族将库里南钻石珍藏了近700年。

　　1905年1月27日，迄今世界上最大的一颗钻石在南非扎伊尔伯里梅尔矿山被发现，该钻石也被命名为"库里南"；1907年，"库里南"大钻被献于英王爱德华三世，并加工成9粒库里南蓝钻，每一粒都成为皇家贵族们的最爱。最大的"库里南一号"重达530.2克拉，被镶嵌在英国皇室乔治六世的权杖上；重达317.4克拉的四方枕形"库里南二号"被镶嵌在英联邦皇冠之上；"库里南七号"8.8克拉马眼形成玛丽王后祖母绿项链的一个钻石坠子；英国女王伊丽莎白二世最珍贵的一款钻石胸针是由重达94.4克拉的"库里南三号"与63.3克拉的"库里南四号"组成，女王佩戴它出席了自己登基60周年的庆典。

　　而作为汽车界的顶级品牌——劳斯莱斯，推出的首款SUV号称史上最贵的全地形新车型也被命名为库里南，源于当前全球最大的原钻"非洲之星"库里南，意在表达将成为SUV界的王者。

　　而在人居建筑界同样也不乏如"库里南"般的作品，2017年武汉壹号院，省府东沙，蓝钻大院，稀世臻献！

看完之后不禁让人拍案叫绝,无论是连环画这种形式,还是故事的撰写,还是与项目产品的契合度,都做到了真正的精细化,项目调性不仅没有降低,反倒被拔高了不少,客户很容易将"库里南蓝钻"与产品联想在一起。

还有一个关于"趣味化"传播的案例同样来自融创,坐标在山东的济宁。

济宁项目在缔造项目IP的时候舍弃了豪宅化的语言,创新地打造了"融夫子"的形象。众所周知,孔子是山东人,是儒家文化的开创者,无人不知,无人不敬,融创探寻济宁城市文化和名片,以孔子作为原型打造了属于项目的IP。这一举措让融创品牌更亲切地融入城市,弘扬和传播了中国文化,同时也赋予项目浓厚的人文气息。

融创济宁以儒家文化为营造基调,以"融夫子"作为形象代言(图1-13),搭建出文化气息浓厚、儒风雅韵的沟通话语体系和场景空间,有效地凝聚了城市中的文化圈层。

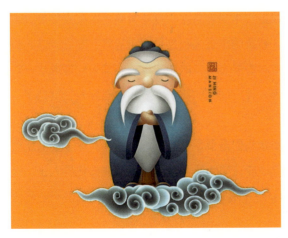

图1-13
济宁融创代言人"融夫子"

为了增加趣味性，强化"融夫子"的识别性，策划团队还推出了抱枕、茶具、鼠标垫、书签、钥匙扣等文创产品，最有趣的是他们还打造了"融夫子"系列表情包，微信中就可以免费下载。

"融夫子"的卡通形象憨态可掬、温文儒雅，表情包也是能量满满，趣味性十足，在歇斯底里空喊"豪宅"的时代给客户带来差异化的形象，提升了品牌温度。

### 3. 策划的渠道化思维

策划的本质其实就是渠道，无论是推广传播还是异业联盟，无论是线上拓客还是线下圈层活动，都是为了将优质的客户导入售楼处。与渠道不同的是，策划多了一个"创造产品附加值"的功能。

随着房地产竞争的日益加剧、营销费用的日益收缩，策划职能渠道化将是一个重大的、不可逆转的转变。

那么，什么是策划的渠道化？这一思维主张策划以精准导客为最终结果，利用公司品牌力整合社会资源，利用大数据技术精准导客，能够为销售带来直接有效客户的思维模式。用通俗的话来阐述，初级的渠道人员是点对点导客，高级渠道人员是点对面导客，而策划人员则是"点对海量资源"的导客模式。策划的渠道化一般分为两大类：异业联盟和大数据筛选。异业联盟的组织方式大家已经驾轻就熟了，本章我们重点阐述一下大数据筛选。

在讲大数据筛选之前，有一个概念我们需要明确：什么是圈层？除了我们所说的高净值人群之外，同一类型的人群也应该称为圈层，比如北京的文化界人士、往返上海与苏州的差旅人士、购买了50万元到100万元豪车的车主等，我们不妨称之为"大圈层"。

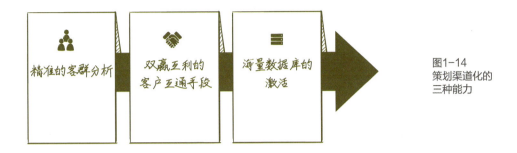

图1-14 策划渠道化的三种能力

"大圈层"不像俱乐部或商会那么容易寻找或接触，但是由于大数据的到来，很多互联网公司都非常重视客户的分级管理，我们做不到一个一个地去寻找，但是我们可以利用策划手段获取符合项目定位的特定人群。比如我们想寻找北京的文化界人士，难道需要不断地与作家协会、摄影协会、收藏家协会、各个高校等去一一合作吗？这显然是不合理的，最容易的办法一定是寻找到文化界名人常浏览的网站或APP，然后通过合作的形式激活这些数据，再将这些客户从线上导入线下。

策划的渠道化需要我们具备三种能力（图1-14）。

### （1）精准的客群分析

客群分析本身不难，但是能够做到精准就非常不容易了，首先我们得搞清楚到底谁才是我们的客群，他们身上应该具备哪些标签，然后再分析他们购房的逻辑到底是什么。比如高端公寓到底是谁在买？不能简单地说是"投资客"或是"对生活品质有追求的人"或是"外籍人士"，他们有哪些共同的标签吗？他们为什么不去购买普通住宅而是选择公寓产品呢？通过哪些大数据可以找到这部分客户？这些问题有了清晰的答案之后才能去做第二步。

### （2）双赢互利的客户互通手段

找到目标客群的线上平台之后，我们应该如何与这些平台合作？要知道，客户资源是每一家公司的核心命脉，如果没有公司层面的合作，对方是绝对不会贡献出我们想要的数据库的。

### （3）海量数据库的激活

鉴于客户资源保密原则，我们对客户数据库是没有支配权的，但是我们可以以客户回馈的形式为他们设置专属优惠政策或优先服务政策，通过组合拳将目标客户从线上导流进售楼处。

**案例分析**

#### 高端商旅客户的导流

笔者在操作苏州丰隆城市中心高端公寓产品时成功运用过这一思维方式：

40年产权的公寓一直是销售上的难题，更何况是高端公寓，而且体量巨大，共有912套房源。当时苏州市面上大部分的公寓单价是10000元/平方米左右，但是该项目因地理位置优越且品质高端，定价是16000元/平方米起价，最高价突破30000元/平方米。

一开始，该产品的销售异常艰难，通过低首付策略销售了100余套，但低首付并非长久之计，我们必须努力扩大客户基数寻求更大的突破。后来，我们通过客户地图发现有一部分客户来自周边的上海市，他们过着"5+2"的生活，即工作日在苏州租房住，周末两天回上海。

于是我们与几位客户深入交流，发现他们有三个相似点：第一，拥有高额的住房补贴；第二，交通工具以高铁为主，自驾车往返的人不多；第三，普通小面积的公寓无法匹配他们的高管身份。这正是我们所需要的！既然他们的租金来自公司，那么有没有可能将租金转化为月供呢？既然他们选择高铁往返于两个城市，那么他们的订票途径是什么呢？

带着这样的思考，我们立即与某知名商旅平台接触，经过一个多月的紧急磋商达成了如下协议：

（1）该平台和开发商签署战略同盟，为项目的部分酒店式公寓产品提供酒店管理服务；

（2）该平台须开启后台数据库，将经常往返于上海到苏州、杭州到苏州等的商旅客户筛选出来，向此类客户发送项目信息，提供"专属购房优惠卡"，并且在PC端、移动端发布关于项目投资的广告；

（3）该网站全国所有实体酒店为项目提供有限度的宣传平台。

此合作开启后，一度难以销售的40年酒店式公寓吸引了上百名外地投资客来访，成交率达到60%以上。

这就是策划的渠道化思维，是一种可以四两拨千斤的营销模式。

试想一下，如果我们不采用这一模式，而是派遣一支渠道团队去上海拓客，再多的人也会被淹没，要知道上海是一个拥有3000万人口的超级城市，团队过去拓客无异于大海捞针；如果我们和上海的分销公司或中介公司合作，让他们来负责导客，40年产权的公寓佣金点数不会低于6%，营销费用难以控制，而且这类客户过于分散，很难被统一导入售楼处。

策划的精细化思维还有很多，物料的设计、产品的包装、活动的组织、资源的合作等看似是一件很小的事情，但对于豪宅营销来说皆事关客户的体验，皆事关营销的成败。只要我们熟练运用前文讲述的"精细化营销十二问"，任何难题都会迎刃而解。

# 04

## 豪宅销售精细化要点

很多豪宅项目喜欢把销售员称为置业顾问或是大客户经理,笔者最喜欢的是绿城的叫法,他们的名片上印的是"生活服务专员"。"生活"是一种愿景,"服务"体现了销售的第一职能,正如绿城集团创始人宋卫平说的那句名言:我最恨销售,销售就是野兽。我们要用生活服务去覆盖销售,住得舒服的房子谁不要?

宋总这句略带偏激的话虽然不能够被所有开发企业所认同,但是却道出了豪宅营销中销售职能的真谛,从某种意义上来说,豪宅的销售精细化就是服务精细化。

众所周知,豪宅项目的"老带新"比例很高,而且项目档次越高服务越好,这个比例就会越高,所以"圈层营销"这个提法一直盛行于豪宅领域。我们反思一下,"老带新"比例高的真正原因真的是客户对产品、对服务满意所致吗?我们到底做了哪些事情感动到客户以致客户会主动帮我们介绍新客户?恐怕不是吧,笔者认为主要原因不在销售端,而是在客户端,是因为客户首先产生了购买行为,然后再出于"择友而居"或"择利而居"的目的才会产生转介。

那么我们再深入思考一下:我们的服务不算尽善尽美便已如此,如果加强服务意识,让客户真心赞同甚至美誉,那"老带新"的效果岂不是更好?这就是销售精

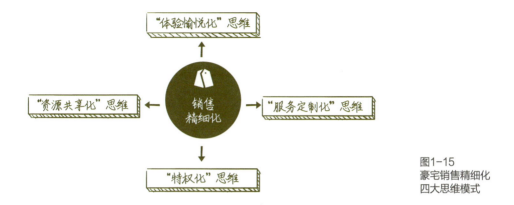

图1-15
豪宅销售精细化
四大思维模式

细化的意义所在,这就是中国豪宅销售排行榜中优秀项目的成功秘诀,卖得好的豪宅一定在销售服务上倍加用心。

豪宅的服务营销本书将在"创新思维八"中再系统阐述,本节主要从销售端的精细化服务给大家提供四大思维模式(图1-15)。

### 1."体验愉悦化"思维

在讲述愉悦化思维之前先和大家分享一个笔者的亲身经历:

2019年我赶赴全国主要城市的豪宅项目参观学习,其中参观了一个位于郑州北龙湖板块的千万级豪宅项目。置业顾问很热情地带领我去参观他们的样板房,走到样板房门口,置业顾问指着门口墙壁上的精美挂钩对我说:这是设计师的一个精细化设计,这个挂钩主要作用是放置手上的物品。可以试想一下,当您买菜回来双手拎着塑料袋,无法取钥匙开门,您就可以把东西放到这个挂钩上……

听到这里我突然打断她:能买得起这套上千万房子的人至少是一个身价上亿的成功人士吧,那我为什么还要亲自出去买菜?另外,你们这个入户门只有通过钥匙才能打开吗?

置业顾问不好意思地笑了,问我该如何修改说辞,我回答道:"其实很简单,只要把你说辞中的'您'改为'您的保姆'就可以了。另外,这个入户门是钥匙、密码、脸部识别三种方式开门的，豪宅客户很注重隐私，一定要强调入户门可以针对业主和保姆设置不同的管理权限。"

这是一个极小的细节，但是说辞经过转换就能给客户带来完全不同的感受。记住，在豪宅项目中只要涉及"体验"和"情境"，一定要给客户带来愉悦感。在豪宅销售接待层面，愉悦化主要包括：说辞情境化、交流私密化和客户问题方案化。

豪宅项目的统一说辞阅读量很大，但我们都知道统一说辞并不适用于大部分客户，豪宅项目对置业顾问个性化的说辞要求极高，难点就是"情境化"的表述，笔者建议置业顾问拿到统一说辞之后务必把说辞牢记，按照实际带看动线、按照自己的语言习惯对说辞进行调整，剔除单调无味的说辞，增加有趣的故事说辞。

豪宅的客群对私密性要求很高，普通的接待大厅并不能满足其需求，如果可能的话，可以带领客户到样板区或样板房的某私密空间进行交流，但需要注意的是，客服人员的服务一定要跟上，这样可以增加客户的逗留时间。

在销售带看过程中，客户会提出形形色色的问题，如果是涉及销售专业的问题我们理应提供专业的解答，如果客户提出的问题超出了我们的专业领域，或者说对我们的专业提出了更高的要求，笔者建议不要立即解答，而是将客户提出的问题作为我们下一次邀约客户的理由，把问题的解决形成简单的方案，让客户感受到你对他的重视，提升客户满意度。

## 2."服务定制化"思维

销售员层面涉及的服务主要是三点：第一，产品讲解方面的专业服务；第二，贷款方面的服务；第三，售后服务（包括客户关系维护和客户问题的后期处理）。

我们都知道，豪宅项目的付款方面经常会出现问题，贷款方面的问题更是形形色色，因为付款方式及贷款问题无法解决而导致无法成交的不在少数。所以，一个优秀的豪宅销售员理应把可能遇到的问题全部了然于胸并且能够快速地给予解决方案。

有些客户会对产品提出修改意见，在不牵涉规划变更的情况下，销售员应将问题逐级上报，取得上级领导、设计部门和工程部门的支持，尽量在5个工作日之内提出解决方案；如果牵涉规划变更，首先应该与客户解释，得到客户的理解，如果客户执意要修改，需要上报公司领导予以决策，然后将决策结果告知客户。值得注意的是，客户如果提出产品的修改对我们来说是好事，因为这些客户大概率是有成交意向的，在此期间造就了很多我们与客户的接触机会，所以你的服务显得尤为重要。

### 3."特权化"思维

豪宅之所以能够成为豪宅，其核心原因是资源的私享化，自然资源、城市配套资源、人文资源甚至是圈层资源等高度集中，使之成为城市的"宠儿"。而作为豪宅的持有者也习惯了享有这些资源，因此，我们在销售过程中要明晰客群的这一特点，尽量用"特权"来发展与维护客户。

在豪宅营销中，"老带新"的核心并不是所谓的"转介费"，而是要营造出"尊重感"，而具体的体现就是赋予客户"特权"。

那么从销售这个层面，有哪些可以作为"特权"赠送给客户呢？详见表1-1。

豪宅营销层面可以整合的"特权"资源　　　　　　　表1-1

| "特权"类别 | 具体内容 |
|---|---|
| 集团资源 | 除地产之外的附属产业资源、如商场、医院、学校等资源 |
| 项目资源 | 主要是项目配套，如停车位、游泳池、健身会所等；商务类的合作也是维系客户关系的重要途径 |
| 领导资源 | 开发商领导的亲自维护 |
| 营销部资源 | 客户资源嫁接、定制活动、定制家宴、客户重要节日维系、业主商业交流会、免费健康体检等 |
| 其他资源 | 灵活的付款方式、物业的增值服务等 |

一个资深的销售员或操盘手，从来不是靠"转介费"的多与少去维护客户和提升客户转介热情的，而是通过悉心的经营和服务，通过"特权"的赠送去提升客户忠诚度的。

我们都知道，很多开发企业将"老带新"的成功率作为考核一线销售员的重要指标之一，客户除了能够享受到公司层面完善的客户服务体系之外，营销部内部尤其是销售层面也应该制定针对性的服务制度，否则销售员与客户的黏性是无法维持的。

比如苏州桃花源项目，销售部提出了四点维系业主的办法：

第一，基础维系。由专人负责所有老业主节假日祝福短信、雨雪天气提示短信、家庭成员生日礼的派送；对于业主家庭成员结婚纪念日、生日等家庭重要日子，邀约在桃花源进行私宴。

第二，销售人员黏性维系。每周至少采取上门沟通、家宴等方式进行三组客户维系工作。

第三，外地客户维系。每月必须对一组外地客户进行上门拜访维系，重点头羊客户在此基础上节假日或对方重要日子必须上门拜访。

第四，活动维系。组织老业主健走、平板撑、踏青、采摘等业主户外活动，增加业主和开发商之间的黏性，组织邻里节活动增进业主之间的情感距离。

每月对"老带新"成交比例进行考核，"老带新"成交比低于平均值60%的，置业顾问停接客户或佣金点位降低。

### 4. "资源共享化"思维

1967年，哈佛大学心理学教授Stanley Milgram提出了"六度分隔理论"，这一理论告诉我们：我们与世界上任何一个陌生人之间所隔的人不会超过5个。根据这一理论我们可以大胆地设想：其实我们与世界上每一个人的资源都存在微妙的重合。

豪宅营销中客户资源的共享就显得意义更加重大了，因为我们要做的事情就是砍掉中间环节，让两个目前毫无关系的客户仅仅通过这个项目就可以建立连接。

大家首先要有职业荣誉感，试想一下你的同龄人，他们每天面对的是什么？或许是一杯清茶，或许是永远处理不完的文案，或许是一位大客户，但是做豪宅销售的人每天面对的是少则几十亿多则几百亿的项目，你们接触的是所在城市的精英，是给这个社会或行业带来巨大驱动力的人。

手握资源的人应当学会如何运用，优秀的销售员一定是资源整合大师，学会将业主、准业主的资源尤其是上下游存在关联的资源串起来，这样的话你就发挥了平台优势，在不断地整合过程中维系客户关系，从而促进成交。

给大家分享一件发生在2020年初笔者听到的真实故事：受新型冠状病毒肺炎疫情的影响，很多小型企业的发展受到严重阻碍。一次，某楼盘置业顾问接待了一位从事服装代加工的老客户,这位客户面色沉重地来售楼处要求退房,他在春节之前交了50万元定金,打算年后过来付清首付,但由于疫情影响服装零售断崖式下跌,根本卖不出去,导致他的工厂受到了严重影响,如果没有资金注入的话估计撑不了多久。置业顾问只能表示理解,正当她开始走退房流程的时候,她突然想到之前有位业主是专门做投资的,在她的斡旋下,两位客户坐上了谈判桌,她还热心地陪同业主去工厂参观,后来业主提供了1000万元的资金支持,分两次支付。结果这位客户挺过了那段最艰难的时期,房子也如约付款了。

  这件事情应该引起大家的深思,作为豪宅项目的销售员,我们真的只是在卖房子吗?盘活手中的资源,不但对客户有利,同时还可以提升自我业绩,岂不是两全其美?

  当然要想洞悉客户的资源必须要对客户充分了解,这是一个重要前提,因此我们要求销售部负责人懂得对客户的分级管理,要求每一位置业顾问要频繁与客户沟通互动,这样才能有效地获知资源、获取资源,这也是豪宅精细化营销的意义所在!

# 05 豪宅渠道精细化要点

豪宅项目的渠道与普通项目有什么不同？

有人会回答：项目定位不同，豪宅项目应该使用档次更高的拓客方式！

房地产渠道线下拓客方式一共就10种：派单、电话、各类巡展、企业宣讲、老客户转介、全民营销、资源合作、中介联动、陌生拜访和竞品拦截。哪些拓客方式是低端的，哪些拓客方式又是高端的呢？

所以我们还是要回归到豪宅营销的思维模式问题，渠道营销没有高低贵贱之分，只有思考深度之别。

关于豪宅项目的渠道技巧问题本书将在"创新思维十"去详细阐述，本节我们讲述三种特有的思维模式（图1-16）。

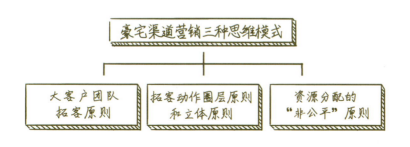

图1-16 豪宅渠道营销三种思维模式

## 1. 大客户团队拓客原则

豪宅项目到底应该配备什么样的团队？多少人的团队比较合适？

在组建渠道团队时我们一般会遵循五大参考要素：**目标市场、产品档次定位、销售指标、第三方渠道资源和营销费用合理性**。也就是说项目的定位越高端，渠道团队的人数就越少，当然，这还要看"豪宅"的档次到底有多高，有顶级豪宅、高端公寓、远郊豪宅、轻豪宅等多种类别，但业内的共识是：豪宅渠道团队宜精不宜多！这也是很多公司使用的是"大客户团队"而不是"渠道团队"的主要原因。

### （1）大客户团队的素质要求

根据笔者接触的中国大部分豪宅渠道团队的经验来说，顶级豪宅的大客户经理不会超过15位，多数会在10位左右。但是每个人的素质都比较高，笔者总结为五个"丰富"：丰富的专业知识、丰富的人脉资源、丰富的投资知识、丰富的奢侈品认知和丰富的待人接物能力。可以这么说，这些大客户经理到了非豪宅项目做营销经理是没有问题的。

不过很多操盘手会问：这么高素质的人才我们要怎么寻找呢？

如果你在寻找这些人才的时候遭遇到了瓶颈，这充分说明公司的人事制度没有给予充分的支持，看似这五个"丰富"要求很高，但是我们发现"专业知识、投资知识和奢侈品认知"这三项是可以经过培训提高的。我们在编写项目"大客户团队人事制度"时要充分考虑到人才的特殊性，在职务、薪资、佣金、培训等方面增强竞争力，有了这些保障这些人才并不难寻找。

### (2) 大客户团队的硬件配置

受"渠道"两个字的影响，很多公司对渠道团队的硬件配置非常不重视，反倒把置业顾问的装备按照"高端大气上档次"的要求去配置，但我们千万不要忘了：对于豪宅项目来说，大客户经理才是接触高端客户的第一个人，才是真正代表公司和项目形象的人。有的公司倒是给大客户经理配备了统一服装，但是服装品质较差，根本穿不出"气场"，反倒影响项目形象。

笔者的建议是：大客户经理并不需要统一着装，但鉴于外出拓客的需求，公司需要拨出一部分"形象费用"用于改善或补贴，管理层只要做好费用管控即可。除此之外，公司还应该颁布制度，对于大客户经理的妆容进行细节化说明。

不要认为这是一件很难做到的事情，苏州桃花源的10位大客户经理开的车基本不低于40万元，优秀的配置可以给项目增色不少。

### (3) 大客户团队的权限设置

大客户团队90%的时间是要出去拓客的，而且出入的商务场合较多。为了便于快速与客户建立信任感，大客户经理需要掌握一定幅度的权限，如商务宴请、资源合作条件、家宴的使用等，但权限要做好监督与管控。

### 2. 拓客动作圈层原则和立体原则

大客户拓客圈层原则很容易理解，但是值得注意的是我们开拓的并不是某一个人，而是某一类人（顶级豪宅除外）。立体原则与圈层原则是相辅相成的，它要求我们进入某一个圈层的时候要进行立体式宣传，不能仅仅依靠某一种方式去拓客。

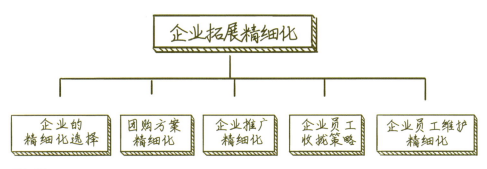

图1-17
企业拓展精细化五个要点

比如我们的目标是要开拓摄影家协会资源,如果我们仅仅去与该协会洽谈合作,或者联合举办一次摄影展这是远远不够的。大家要知道,在信息多元化时代,人类接触到的信息是立体化的,通过一两次的"接触式"互动是无法得到客户青睐的。

"整合营销传播"是营销学中重要的分支,我们要学会在进入任何一个圈层之后,调动起所有资源,通过"组合拳"的形式开展拓客工作。

以企业拓展为例:

按照传统做法,拓客团队进入企业之后喜欢在员工食堂摆个摊位,接受企业员工的咨询,三天之后除了收集到十几个员工电话号码之外没有任何收获。这就是粗犷化的拓客方式,精细化的拓客应该从五个方面部署工作(图1-17)。

**(1)企业的精细化选择**

豪宅的渠道营销核心是"资源有限",但我们很多渠道人却因此得了一种叫作"资源优先病",一旦得到资源就如获至宝,完全忽视了要对资源的优劣进行评价。众所周知,随着房地产渠道的兴起,资源合作是高端项目重要的拓客方式之一,这就导致很多资源方被开发商反复使用,其资源优势慢慢消退。

所以我们在选择企业之前应该对目标企业充分调研,如企业规模与效益、企业员工构成、经理级及以上员工的基数与收入、企业工会活动频率、进入企业的途径、是否有关键人、企业内部的宣传平台、竞品之前是否进驻过、拓客效果等。我们首先要选择的一定是效益良好、容易进驻的企业，其次是待开发的企业。

**（2）团购方案精细化**

凡是进企业拓客的大多采用的是团购模式，因此一份具有吸引力的团购方案就显得尤为重要了。一份完整的团购方案应该包括项目区位及配套介绍、项目卖点详解、信息传播方式、团购优惠方式、针对性的附加服务以及团购预算和人员安排。

每一个要点都需要做到精细化，尤其是"针对性的附加服务"，我们倡导大家不要通过大幅度的折扣去吸引企业员工，而是提供更多的附加服务来凸显对该企业的重视，如灵活的付款方式、装修包的赠送、物业增值服务的赠送等。

**（3）企业推广精细化**

进入企业之前我们就应该将企业内部能够使用的宣传资源用到最大化，如企业内网、办公楼大堂、内部短信平台、OA办公系统、部门宣讲等，宣传周期建议在一周以上，主要是为进驻企业后的宣讲造势，宣讲之后这些宣传资料不要立刻撤出，因为大部分员工有考虑周期。

**（4）企业员工收拢策略**

进入部门宣讲是员工收拢的最佳方式，另外为企业员工定制专属活动、组织员工看电影等方式更可以将客户导入售楼处。在收拢过程中，不宜过于含蓄，直接将产品、优惠和服务等内容释放。

**（5）企业员工维护精细化**

高端项目和刚需项目有一个最大的区别：高端项目的成交密集期在后期维护过程中，而不是在企业拓展过程中。所以渠道部应该联合销售部针对企业员工进行持续跟进与维护，在维护过程中首要目标是企业的主要领导，他的成功购买将会起到"领头羊"功能。

以上我们只是以企业拓展为例来阐述立体化原则，豪宅的很多拓客工作都会运用到这一原则，巡展、中介联动、"老带新"等无不需要精细化，传统的"点对点"策略是无法把这一圈层做深做透的。

### 3. 资源分配的"非公平"原则

豪宅渠道营销的成败在于资源的丰富程度以及优劣程度，我们有两个拓客主体：一个是大客户部，另外一个是销售部。那么，我们该如何给他们分工呢？很多操盘手说：当然是以公平公正为分配原则，让他们得到同样的资源，在同一起跑线考核业绩。

这一思维方式是普通项目的管理逻辑，在豪宅项目中，我们应该秉承的是资源分配的"非公平"原则。

在这一原则之下，需要营销管理层将两个拓客主体按能力的强弱进行精细化分级，即将置业顾问和拓客人员分别划分为能力强、能力中等和能力较弱三级。然后我们再把公司的资源以及整合的资源分为三级，即高质资源、中等资源和低质资源。

接下来我们要做的是，将拓客主体作为纵坐标，将资源作为横坐标，画出一张十八宫格的图（图1-18）。

图1-18只是一个示意图，是基于员工能力与资源优劣两方面的考虑，其目的是让能力越强的人享有更优质的资源，提高资源的使用率，提升客户转化比。

在运用此图时需要注意三点，第一，能力的强与弱并不是恒定的，能力弱的员工通过资源的积累可以逐渐提升；第二，并非一定要将"渠道人员"放置在最下面，管理者可以综合分析六个梯度人员的综合素质，按照能力强弱从上到下排序；第

|  | 低质资源 | 中质资源 | 高质资源 |
|---|---|---|---|
| 能力强（置业顾问） |  |  | 合作单位巡展<br>员工转介 |
| 能力中等（置业顾问） |  |  | 商超外展<br>同行转介…… |
| 能力较弱（置业顾问） |  | 同行转介…… | 电话拓客 |
| 能力强（渠道人员） | 陌生拜访…… | 同行转介<br>商家联盟 | 合作单位巡展<br>商家联盟 |
| 能力中等（渠道人员） | 小蜜蜂派单<br>电话拓客 | 外部巡展…… | 竞品拦截 |
| 能力较弱（渠道人员） | 小蜜蜂派单…… |  |  |

图1-18
两个拓客主体"能力—资源"分配示意图

三，项目的不同时段资源的优劣也不是恒定的，开盘前三个月、前两个月、前一个月、开盘之后等项目所拥有的资源可能存在变化，这非常考验管理者的动态管理能力，说到底依然是精细化管理能力。

案例分析

### 西安中海公司的"能力—资源—时间"模型

2018年中海西安公司做出了大胆创新，提出了"能力—资源—时间"模型，核心思路依然是将拓客人员和销售人员进行能力分级，由管理人员统一调配资源。

他们的工作做得非常精细，按照开盘前三个月、开盘前两个月和开盘前一个月进行安排，具体安排如下：

**开盘前三个月——**

低质资源中，能力较弱的拓客人员负责管理非中海渠道人员的派单工作，能力中等的拓客人员负责电话拓客中端社区，能力强的拓客人员负责电话拓客高端社区。

中等资源中，能力中等拓客人员负责社区巡展，能力较强者负责商户联盟；能力较弱的置业顾问负责电话拓客中海老业主和中海施工方的拓展，能力中等者负责中海社区巡展，能力较强者负责电话拓客中海的高端老业主并且负责中海合作银行的拓展。

优质资源中，能力中等的置业顾问负责品牌展厅，能力较强者负责商超外展、员工转介和高端业主的电话拓客。

**开盘前两个月——**

低质资源中，能力中等的拓客人员负责电话拓客和派单，能力较强的拓客人员负责非中海高端社区的电话拓客。

中等资源中，能力中等的拓客人员负责企业拓展、社区巡展和部分的商户联盟；能力较强的拓客人员负责商超拓展和同行转介；能力中等的置业顾问负责中海合作方的拓展和中海老社区巡展；能力较强的置业顾问负责中海业主的电话拓客和合作单位的拓展。

优质资源中，能力中等的置业顾问负责品牌展厅和商超展点，能力较强的置业顾问负责员工转介和中海高端社区的电话拓客。

**开盘前一个月——**

低质资源中,能力中等的拓客人员负责派单,能力较强的拓客人员负责非中海高端社区的电话拓客和商超拓展。

中等资源中,能力中等的拓客人员负责社区巡展,能力较强的拓客人员负责商户联盟、同行转介、社区巡展、竞品拦截和企业拓展,此次改变是对置业顾问工作的有效补充。

优质资源中,能力较弱的置业顾问负责同行转介,能力中等的置业顾问负责商超外展和品牌展厅,能力较强的置业顾问依然负责员工转介和合作方的拓展,另外要负责意向客户的洗客。

中海这么进行精细化细分的逻辑是:开盘前三个月的时候,销售部主要以中海自有资源和高端业主为核心战场,要确保高端客户的有效收拢,渠道部主要负责非中海客户的拓展,为案场输送优质客户;开盘前两个月,渠道部的工作从"大海捞针"转变为"精准拓客",销售部的工作不变;开盘前一个月,为了确保业绩的达成,优质资源向销售部倾斜,销售部甩开相对无效的资源转为渠道部跟进。

对任何房企而言,完成业绩是大局,公平是相对的,换句话说,能力强的人拥有更多的资源这才是真正的公平。

豪宅营销精细化思维导图见图1-19。

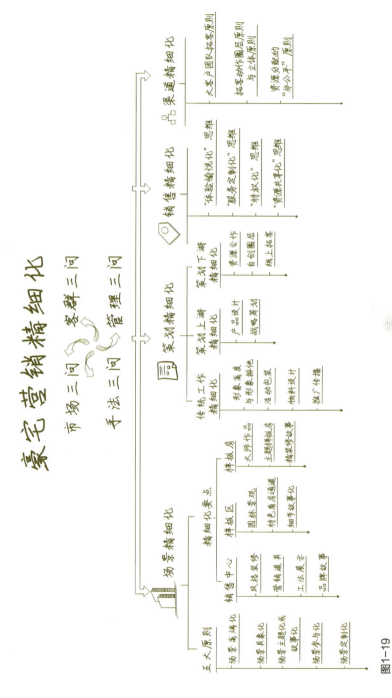

图1-19 豪宅营销精细化思维导图

# 创新思维 2

在贫富差距明显的今天,

穷人购买的是"昂贵品",

富人才有资格讲究"性价比"。

# 06

## 富人思维与刚需思维

很多卖豪宅的人经常会这样感叹：这个世界有钱人真多！紧接着还会继续发问：真搞不懂，他们为什么会买这么贵的房子？

可是，他们买的豪宅真的很贵吗？笔者经过多年与豪宅业主接触下来的感受是：富豪们虽然各自有着独特的草根哲学，但是对"便宜"和"昂贵"的理解与我们是完全不一样的。我们理解的贵指的是"总价高"，他们眼中的贵指的是时间和财力花在"毫无意义的事物"，如果一样商品再便宜，但对他们来说没有任何意义他们才会视为"昂贵"。

其实，这个世界很奇妙，作为"穷人"的我们往往购买的是"昂贵品"：

比如我们通常理解坐飞机很贵，但飞机票的价格大约只有1元/公里，而出租车却是2.6元/公里；再以购买怡宝矿泉水为例，我们喜欢一瓶一瓶的购买，单价是2元/瓶，但是富人却喜欢一整箱购买，每箱24瓶价格是32.9元，单价只有1.37元/瓶，便宜了31.5%；农夫山泉于2015年发布了其高端子品牌"莫涯泉"，一个系列8瓶，每瓶单价在35～45元之间，就在我们担心这种高端矿泉水是否能卖得出去的时候，超市里早已卖断货了，原因是它的瓶子太精美了，堪称艺术品，很多人买它们并不是饮用，而是当作家居装饰品……

我们再以大额消费品为例，某中级品牌汽车裸车为22万元，考虑到使用3年，上路费、油费、保险费、保养费等加起来三年总费用大约30.5万元，平均每年10.17万元，再考虑到二手车置换费用收回部分成本，实际每年的消耗是5万元；而奔驰某E级汽车裸车为43.8万元，考虑到使用5年，各项费用加起来五年总费用大约60.1万元，平均每年12.02万元，再考虑到二手车置换费用收回部分成本，实际每年的消耗是5.9万元。将两个数字相减，我们得到9000元的差额，也就是说我们每年只要多花费9000元就可以享受高端品牌轿车给我们带来的尊崇感。

所以说，富人才是最讲究性价比的一群人，而这一思维方式也常运用于豪宅的购买行为上。

对于富人而言，他们对产品的价值虽然不明白其界限在哪里，但是他们心里非常明白豪宅的产品价值要远大于普通住宅，豪宅营销的作用除了帮助客户了解产品价值之外，还需要通过"营销价值"的塑造去提升客户的心理价位，而客户是很愿意为他们的感受而买单的（图2-1）。

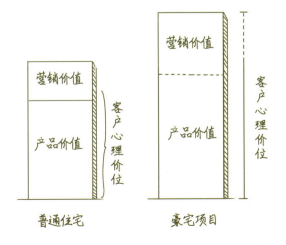

图2-1
普通住宅与豪宅项目客户心理价位的逻辑分析

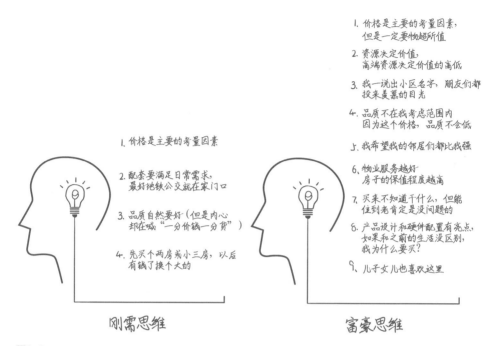

图2-2
刚需客群与富人在购房时不同的思维模式

仔细揣摩图2-1我们可以发现，豪宅项目的产品价值是一定比普通项目要高的，所以我们一定要明白"放弃无效客户"的道理，比如你操作的豪宅项目所在区域商品住房的均价是20000元/平方米，而你的均价是40000元/平方米，所以那些购买力在30000元/平方米以下的客户根本不可能成为你的潜在客户。我们在"盘客"的时候不需要再分析这类客户，趁早放弃节约营销资源。

为什么这么说呢？这与富人和刚需人群的购房思维有直接关系（图2-2）。

根据图2-2可知"刚需思维"是以价格为主要驱动因素的、满足日常生活需要的思维方式，所以我们在操盘过程中会发现刚需客群对价格的敏感度非常高，比竞品的价格高出10%就立马遭遇销售阻碍，尽管你的品质做得比竞品要高，但是品质并不是他们考量的第一要素。而且他们对基本的生活配套要求较高，学校、超市、菜市场这三样是必备配套。也许有人会问：为什么配套不全的郊区刚需盘依然销售火爆？第一，这类刚需盘面向的不一定是刚需客户，投资属性会更高；第二，交房之后你会发现，大部分客户会在配套齐全之后才入住。

我们重点阐述一下富人的购房思维：

### （1）衡量尺度靠"感觉"

这里我们说的"感觉"并不是"感性"或是"任性"，而是社区产品、景观、设计、精装修品牌、营销、服务等有序叠加起来的氛围感，也就是我们所说的"场景"。刚需盘的价格对标的是竞品的价格，豪宅的价格对标的是感觉，业内很多人称之为"价值体系"，这一点本书将在"创新思维三"中提出不同观点。

### （2）资源优先思维

在豪宅营销中，"资源的稀缺性"是我们一直所强调的，理应贯穿在营销工作的始终，因为豪宅的价值有很大一部分来自资源价值，包括城市资源、自然资源、高端配套资源、邻居资源、人文资源等。但笔者很遗憾地发现，我们很多营销人并不完全明白资源的概念，主要原因是"卖豪宅的人没有住过豪宅，住豪宅的人却不会去卖豪宅"，我们没有融入富人的生活，所以对他们的真实需求知之甚少。

笔者在操作苏州"丰隆城市中心"项目时曾经让销售人员盘点项目周边的高端资源，把他们的"作业"收上来之后遗憾地发现他们对高端资源的了解程度并不高。笔者在授课过程中发现很多置业顾问都存在这个问题，于是让市场部分别以项目三公里和五公里为半径画一个圆，调查所有的高端资源，一周后当看到市场调研报告之后震惊了：没有想到项目周边的高端资源达上百个！

也就是说，我们在某个城市生活了五年、十年，甚至是二十年、三十年，但是对这个城市的资源并没有想象的那么熟悉。这一点是我们疏忽的工作，但却是客户最为看重的因素。

### （3）虚荣心的满足

我们习惯将成功用财富来衡量，而财富大部分来源于不动产。很多人以为富人很低调内敛，但真实的他们虚荣心比我们还要强，只不过他们对外隐藏对内显露而已，所以豪宅营销的总体基调不应该是声嘶力竭的，而是应该"不怒自威"的。

### （4）品质只是豪宅的门槛

在"高品质"口号满天飞的时代，"品质"这两个字反倒显得很廉价，富人在选择豪宅产品的时候根本不会与非豪宅项目对标，因为在他们心中，品质只是豪宅的门槛。

### （5）择邻而居思想

在择邻而居方面，富人与普通人之间没有任何差异，只不过他们希望入住的社区里多以政商界人物为主，因为这两类人对自己的帮助最大。

### （6）服务水准超高要求

**商品房投资有三要素：配套、品质和物业！**拥有优秀配套（含地段）的房子增值前景不言自明，品质较高的房子增值幅度最大，我们走进任何一家二手房门店都可以发现，品质型住宅的增长幅度要远高于刚需住宅；而物业的服务水准则是房屋持续增值和保值的重要因素。所以物业费的高低现在不应该是豪宅的销售抗性了，很多懂行的富人一问物业费就知道未来的服务水平。

### （7）优质资源占有型

我们在销售豪宅过程中会发现很多业主不知为什么而购买，这一点在大平层豪宅项目中尤为显现，笔者也多次遇到过类似的业主，他们已经拥有一套别墅了，面积也很大，但是依然会购买面积较小的房子，问其原因，他们只会回答：就想在这么好的位置拥有一套房子。这是典型的"优质资源占有型"的客户，他们甚至不知道买来之后做什么，先抢着优质资源再说。

### （8）善于接受新的生活方式

有一句经典广告语"看遍世界后的选择"精辟地道出了当代富人的豪宅观，他们对新鲜事物的接受程度远远超出了我们的想象。所以我们提倡要多一些产品赋能，尽量增加产品的附加值以赢得客户。

不过，很多时候产品设计和营销会产生一些冲突，当有新的产品附加值出现的时候，老板喜欢问：产品多出了500元/平方米的成本，营销部能卖得回来吗？每次遇到这个问题营销总监总会犯难，因为新的产品并没有得到过市场的验证，到底值不值这个价格谁也说不准。而笔者的观点是：**如果你卖的真的是豪宅，不要犹豫，只要是好的产品功能增加了总没有坏处，客户一定会认同！**但如果你卖的只是价格高的"伪豪宅"，还是以成本优先为第一原则吧。

### （9）传代思想尤其严重

笔者曾经与一位年过六旬的富豪深入交流过，我问了他一个问题：现在社会上很多人对85后、90后非常担忧，认为他们难堪大任，您是怎么看待这个问题的？

他回答：一代比一代强，这是社会发展的必然规律。年轻一代受到过良好的教育，思维活跃，而且眼界比我们宽，这是他们的优势，经验不足不能算缺点，这些都是可以通过后天努力弥补的。我们最担心的是年轻人失去了我们当年的拼搏精神，万一失败，心理承受能力比较弱。我把公司传给他，我一点儿也不担心，毕竟还有很多人帮他，但我更希望把我们老一辈的精神传给他，这才是以后面对任何困难时的支柱！

听完他这席话，我深以为然，联想到香港很多富豪发家之后依然留着自己的祖屋，因为祖屋承载着他们最苦难的时光，也见证着他们的成功，同时也时时提醒自己要保持初心。我想，这也是中国富豪希望能将房子传给下一代的主要原因吧。

综合以上分析我们得出一个结论：**豪宅营销成功的标志是掌握了定价权！**竞品的价格或许是我们参考的因素，但绝对不是主要因素，而且豪宅也很少能够在同一水平线上对标。正如同样品牌的奢侈品，有的腰带几千元，有的腰带要一万多元，客户的价格尺度不仅在产品本身，而是在品牌带来的"感受"。

### 星河湾私人俱乐部的运营逻辑

提到"星河湾"，很多人脑子里立马会呈现"豪宅专家""房地产奢侈品"等词汇，这家开发商做的项目在业内有着很高的美誉度，尽管它们的价格是一路之隔楼盘的两倍以上，但是依然是热销品。

星河湾在对富豪阶层的研究上做到了极致，从它打造的"中国首个会员股份制私人俱乐部"就能看出端倪。

该俱乐部有着很高的入会门槛：会员需以股东的身份加入俱乐部，作为投资人出资购买股份，而不是普通俱乐部缴纳"会费"来入会，出资额为50万元，每年10

万元基本消费金,会员可享有俱乐部经营分红收益。俱乐部由专业的运营团队来负责打理各项事务,投资人同时也是俱乐部最重要的顾客,年终时运营部门将会向股东们汇报本年经营状况,如果经营成功,会员便可根据他们的投资份额获得红利。

其会员来源有三种:对生活有品位的高端社会精英名流(以广州、上海、北京三地星河湾业主为首批邀请对象);星河湾半岛的业主,购房之后即可获得入会资格;会员内部推荐,但需要审核客户的资产和职业。

也许你会发问:这帮有钱人怎么会花50万元买一个会员呢?

那是因为富人的思维在起作用,他们买的并不仅仅是一个会籍!

星河湾私人俱乐部至少可以享受六大权益:

(1)真正的顶级商务社交平台:突破地域限制,以广州为主场,联动北京、上海核心资源,三地客户交互,资源共享,真正实现全国性高端资源的联动。

(2)星河基金会:全国首家社区慈善机构,整合资源担负社会责任并与知名慈善机构合作。

(3)企业商学院:与长江商学院合作联动,名师授课,创造企业家联谊、合作与交流平台,拓展人脉资源。

(4)顶级消费汇:为会员提供世界高端消费新品发布展示,提供私人定制服务(形象设计、豪华旅游定制、私人飞机定制等),设置贵族生活学堂,教授礼仪培训、各种高端球类培训等。

(5)私爱文化汇:包括艺术品鉴赏拍卖、定期私藏欣赏、琴棋书画协会、戏剧堂会、读书会等内容。

(6)全能超级管家服务:为有钱但是没有时间的人提供全面细致的服务。服务的内容超越我们的想象,如帮助会员获得奥运会期间所有赛事VIP贵宾票、好莱坞最新最火电影的首映式入场券、帮一位会员以他的名字命名一颗银河系上的卫星、将一位没有现金的会员从哥伦比亚的私人岛屿上解救出来、为会员租用一部单引擎飞机游览长城、为某会员在德国寻找到稀有型号的奔驰车,并运送到意大利……没有做不到,只有你想不到。

在富人思维中,这50万元购买的是身份、是服务、是专属、是资源、是股权收益……用一句"刚需思维"的话来总结:这50万元比读任何商学院获得的资源都值得。

# 07

## 豪宅高溢价深度解读

豪宅界有一个著名的"1.25倍困境",指的是如果你操作的项目价格比竞品高1.25倍以下还是有希望超越的,但若高出1.25倍以上,项目就很容易滞销。

比如你的竞品价格是40000元/平方米,在产品说服力很强的情况下你卖50000元/平方米以下是相对容易的,但是要卖50000元/平方米以上就会遭遇空前压力。这是为什么呢?我们用刚需逻辑分析一下(表2-1):

豪宅项目溢价增长分析表　　　表2-1

| 溢价表现 | 溢价增幅 | 金额(元/平方米) |
| --- | --- | --- |
| 开发商品牌溢价 | 5%~10% | 2000~4000 |
| 策划及包装 | 5% | 2000 |
| 场景营造(含服务) | 5%~8% | 2000~3200 |
| 高端资源的独享性 | 2%~3% | 800~1200 |
| 合计 |  | 6800~10200 |

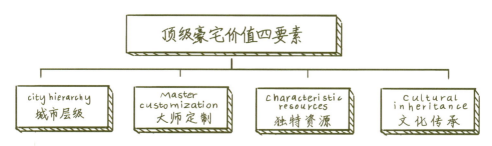

图2-3
顶级豪宅溢价的"4C"法则

由表2-1我们可以发现，面对40000元/平方米的竞品（同类型产品）价格，我们即便是把每一项工作都做到了满分，我们的售价最多只可达50200元/平方米。

那市面上那么多单价超过10万元/平方米甚至是每平方米几十万元的豪宅究竟是通过哪些方面去创造高溢价的呢？仅仅通过营销手段就可以创造出这样的溢价吗？当然不可能！

顶级豪宅的价值一般是由四大要素奠定的，笔者称之为"4C"法则（图2-3）。

### （1）城市层级

城市的层级是决定豪宅溢价的核心要素，一线城市、省会城市和旅游型城市因得天独厚的资源优势才能成为顶级豪宅的温床。有数据表明，中国在2018年拥有千万级的豪宅且销售较好的城市只有26个，而上海、北京、深圳、杭州四个城市就占据了80%以上的份额。

### （2）大师定制

"大师定制"是对产品氛围的总概括，顶级豪宅之所以有这么高的溢价空间，除了有高品质的硬件配置以外，大师所赋予的产品稀缺性和强烈的排他性是产品的内核。要知道大师的作品是很稀缺的，就拿华裔建筑大师贝聿铭先生来说，他一生主要建筑作品只有68件，住宅类的作品只有寥寥6件，但每一件作品都堪称"建筑瑰宝"！

### (3) 独特资源

资源的价值是无法用金钱衡量的,再者,很多高溢价豪宅占据的是城市中最稀有、最珍贵的公共资源,虽然这些资源并不是豪宅客户独享的,但他们是接触这些资源最便捷的。

2017年杭州豪宅销售排行榜前三甲分别是:武林壹号、绿城九龙仓柳岸晓风和万科大都会79号。武林壹号项目坐落在寸土寸金的杭州市中心武林广场北侧,城市资源和文化资源得天独厚;柳岸晓风项目就在钱塘江南岸,一线江景尽收眼底;万科大都会79号项目位于钱塘江北岸,是钱江新城的核心板块。

### (4) 文化传承

没有文化的房子只能称为"大房子",唯有文化的加持才能成为"豪宅",是文化让冷冰冰的钢筋混凝土变得有血有肉。顶级豪宅大多具备文化属性,即便是在深圳这样的现代化的国际性大都市中,开发商依然会借助国内外知名设计师来进行文化赋能。

大家是否发现,城市层级、大师定制、独特资源和文化传承这四点有哪一样的价值是可以用具体的金额去衡量的呢?所以,精明的中国富豪们在思考豪宅价值的时候会呈现以下改变(图2-4)。

因此我们说,**营销并不能解决核心的高溢价问题,高溢价"六分看产品、两分看资源,另外两分才能看营销"**!

这就解释了豪宅界困扰大家已久的"1.25倍"困境。

那么,我们的营销就没有任何价值了吗?这个逻辑也是不对的,正如表2-1中我们列举的四大因素,每一项工作都需要营销的精细化思维去完成。产品是冷冰冰的,需要营销的体系化工作将其价值感传递给客户;资源是无形的、是沉寂的,需

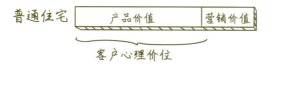

图2-4
高溢价豪宅项目客户心理价位的逻辑分析

**要营销让其具象化……**

曾经有一位业内人士说：刚需盘只能考验营销工作者入门级的功力，再难卖的刚需盘只要解决一个问题就会成为热销盘，那就是"来人量"，而且不管这个来人量是有效的还是无效的，总能给项目带来正向的效果。

而豪宅才是真正考验营销人真正内功的项目，我们需要将城市价值、产品价值、资源价值等有效地转化为客户的预期，再把预期转化为需求，让客户在不断的感受中增加项目在他们心中的分量。

# 创新思维 3

价值体系的搭建是豪宅营销的核心?

那你说得清价值吗?

记住,价值是由"感觉"决定的!

## 08
## 豪宅价值标签

在谈豪宅价值之前，我们先聊聊刚需盘的价值逻辑：

就拿置业顾问的谈判说辞为例吧，当竞品的价格是10000元/平方米而我们的价格是12000元/平方米时，我们通常采用的办法是"卖点累加法"，如"比竞品更优的地段"加200元/平方米，比"竞品更好的户型"加200元/平方米，"优质的景观资源"加200元/平方米，"家居智能化"加100元/平方米……一直加到12000元/平方米为止。办法虽然传统，但还是可以起到一定的效果的。

但是豪宅的价值可以这么量化吗？笔者认为是万万不能的！有两个主要原因：第一，豪宅是从来不缺少卖点的，从配套优势、地段优势、品牌优势到产品优势、景观优势、服务优势，从精装修优势、智能化优势再到客群优势、平台优势等，随着豪宅市场的日益成熟，"卖点"根本无法构成"客户的买点"；第二，豪宅的很多价值点根本是无法量化的，正如前文提到的城市价值、大师价值、资源价值，还有营销赋予的场景价值、包装价值，基本上是"说不清道不明"的价值点，更谈不上量化了。

还有的营销人提出了解决方案：要想让客户明白豪宅的价值，就必须建立完善的价值体系，给客户一种"价值大于价格"的感觉，这是豪宅营销的总纲领！

先说说所谓的"价值体系"，很多操盘手喜欢从多个维度构建一套完整的价值体系，但是在实际输出过程中，又有多少价值是真正落地了呢？要知道，今时今日的房地产营销比以前更高效，市场根本不会给我们太多的时间一个一个地将所有价值向客户传输，最终这个"价值体系"只能成为一纸空文。但笔者并不否定"价值体系"的重要性，它至少可以让操盘团队理清思路，明晰方向，只能说"价值体系"是重要的，而不是必要的。

再分析一下"价值大于价格"，仔细品读这句话其实是一个伪命题，价值是偏感性的，价格是偏理性的，价值是抽象的，价格是具象的，这两者之间存在着巨大的差别，那我们具体通过什么办法才能让客户知道"价值大于价格"呢？

这不禁让笔者想到几年前发生在自己身上的一件事：某一个春天，笔者想给自己添置一套西装，先到某高端商场看中了一套价值近两万元的意大利某品牌的西装，但觉得太贵就暂时放弃购买，转身去了一个平民化的购物中心，在那里笔者又看中了一套品牌一般的西装，价格仅两千多元。但依然觉得那件意大利品牌的西装最显气质，于是左右摇摆，无法定夺。就在笔者为难的时候，突然想到一个办法，笔者分别把这两套西装穿在身上并且拍了照片，拿给公司同事看，结果十几位同事一致选择了那件意大利某品牌的西装。他们的反馈如出一辙：具体说不出来，就是感觉更好！后来，笔者遵从了自己和同事的感觉，购买了那套昂贵的西装。

人的购买行为其实并不是一个理性的过程，哪怕在购买之前经过了很理性的分析，产生购买行为的那一刻一定是感性的。

通过以上的分析，我们可以得出一个结论：豪宅的价值并不是构建而来的，更不是量化而来的，而是"感觉"而来的！所以作为豪宅营销人，我们的工作并不是创造价值，而是营造价值感！

"感觉"是一个更加说不清道不明的东西，我们应该如何赋予豪宅价值标签，让客户能够感知其价值呢？我们先通过三个知名豪宅的情况来分析这个问题：

## 案例一

### 法国利奥波德别墅

利奥波德别墅是世界排名第一的豪宅，目前价值7.5亿美金，它位于法国南部蓝色海岸地区滨海阿尔卑斯省，俯瞰地中海无敌海景。它修建于1902年，是比利时国王利奥波德二世主持修建的。该别墅最大的特色是内部拥有数百棵珍稀植物，由50名园丁负责打理，它是最早的花园式别墅，内部设置游泳池、休闲场所和各种精美的雕塑。该套豪宅数次易主，银行巨头沙夫拉（纽约共和银行的拥有者）、前微软公司主席比尔·盖茨、菲亚特汽车前董事长乔瓦尼·阿涅利都曾拥有它，现任主人是黎巴嫩的瑞士银行家的遗孀莉莉·萨夫拉。

通过上述介绍我们可以总结出三个重要标签：文化、产品、圈层！

## 案例二

### 英国海德公园一号

项目位于英国伦敦中心海德公园旁的骑士桥附近，地处伦敦最繁华的商业区之一——肯辛顿商业区的中心地带（图3-1），相邻不远是英国女王的官邸白金汉宫、大不列颠自然史博物馆和泰晤士河。项目整体只有80套，由世界著名建筑大师理查德·罗杰斯担纲设计，社区配套极其奢华，设有SPA休闲中心、高尔夫练习场、电影院、酒窖、艺术馆等，它最大的特色是保护业主的隐私，防弹玻璃、虹膜扫描、室内求生装置等均为首次运用在居民楼里。公寓最大买家来自俄罗斯，约占买家总数

图3-1 占据核心资源的海德公园一号

的三分之一，25%的购房者来自中东，英国人占20%，另外还有欧洲和美国富翁。另据英国《泰晤士报》报道说，1858平方米的"楼王"已顺利售出，买家是卡塔尔现任第一副首相兼外交大臣谢赫·哈马德·本·贾西姆。

我们根据该项目介绍可以总结出四个重要标签：资源、大师之作、居住感受、圈层！

## 案例三

### 中国上海 绿城黄浦湾

项目位于上海黄浦区中山南路，北距外滩万国建筑群约1.8公里，南距世博会约1.7公里，东侧紧邻黄浦江，西北侧与著名的豫园相邻。项目地上建筑面积17万平方米，由7栋精装修高层组成，项目采用国际现代滨水建筑风格（图3-2），园区内精心保留着不同时代的老建筑，力求在创建崭新设计的同时，也使昔日的人文底蕴得以重现。建筑设计由美国JWDA建筑设计事务所和加拿大B+H建筑设计事务所联合完成。

该项目给我们带来的标签是：资源、文化、大师！

图3-2
绿城黄浦湾实景图

由以上三个国内外的案例我们可以发现,豪宅的价值标签有资源、大师、产品、文化、圈层等来概括,但有一个问题往往是我们容易忽略的:富豪们为什么要拥有豪宅?本文在第6节中已经给出了答案,那就是家族精神的延续!

因此,豪宅的价值标签可以具体阐述为(图3-3):

①严苛的产品细节带来的顶级居住感受。

②稀缺且高端的资源产生充足的项目赋能。

③文化底蕴对项目价值的充分加持。

④高端圈层生活的极致享受。

⑤家族精神的延续。

尽管豪宅的卖点很多,但是其核心的要素只有这五点,所以我们不需要再建立复杂的价值体系,更不需要声嘶力竭地告诉大家"购买的十大理由",只要将这五大要素贯穿到豪宅营销的细节中去即可。

我们依然以苏州桃花源项目为例,这个项目主力总价在3000万元左右,业内普遍对其评价"是一个很有江南感觉的豪宅项目",该项目的整体操盘脉络非常清晰,在"感觉"的营造上煞费苦心。

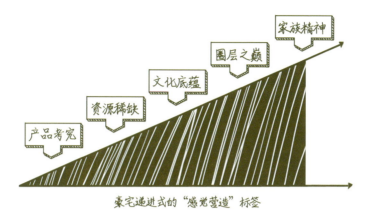

**图3-3**
豪宅递进式的"感觉营造"标签

## 苏州桃花源项目的"感觉"营造

桃花源项目的广告语"全球，仅此桃花源"道出了产品的极度稀缺性，其项目定位是"东方国宝 全球孤品"，项目操盘团队从来不贪多求全，而是集中资源向客户传输"孤品"的形象，通过绝对排他的稀缺性让客户认可其不可复制的价值。

那么该项目通过哪些方面来支撑其稀缺性的呢？

（1）品牌：廿载力作 绿城传奇

项目产品源自宋卫平的人文情怀，绿城有二十年的高端豪宅打造经验，虽然成本巨大，但宋卫平坦言：再难也要做！后来孙宏斌先生的融创主导项目，他曾感叹：我后半生里，不会再做桃花源这样的项目了！两位地产大佬的决心使得项目拥有了稀缺基因。

（2）区位：天堂苏州 地王半岛

项目位于金鸡湖和独墅湖的中间位置，是"双湖"板块最后的地王，项目三面环水营造的是真正的岛居生活，拥有1600米湖岸水景，恍如与世隔绝但又进退自如。

（3）文化：千古梦境 桃花源记

苏州是一座拥有三千年历史的文化古城，江南特有的"小桥流水人家"诗意生活在此演绎得淋漓尽致（图3-4）；诗人陶渊明笔下的"桃花源记"在这里成为现实。

（4）瑰宝：东方国宝 艺术极品

中国的就是世界的，中式建筑美学的巅峰之作，遍寻中国古籍，每一个细节都能找到源头，探知建筑的血脉和意义。

图3-4
苏州桃花源园林实景图

（5）传承：国工巨匠 传承钜作

经典的江南园林造景工艺，来自"世界非物质文化遗产"继承人香山帮匠人的手工力作，古法铺装、古法叠山、定制门窗、定制砖瓦，将皇家工艺融入社区的每一处细节。

（6）名园：匠心独运 万园之巅

团队走遍中国古典园林，汲取原汁原味的造园精髓，强调"宅院合一、曲折有致、庭院深深、欲扬先抑、巧于因借"设计理念，将中国传统的"巷文化"贯穿其中。

（7）圈层：顶尖平台 领袖中国

打造全球顶级私人俱乐部"中国桃源会"，秉承国际顶级私人会所的运营模式，荟萃国际顶尖优质资源，为客户提供度身定制的私属服务和高端圈层活动，打造全球华人金融、文化、艺术等领域的交流、对话与合作平台。

桃花源项目的操盘团队提炼了所有价值点，最后落到了"孤品"这两个字上，而且在操盘的过程中每一个价值点的输出都离不开它。正如本书前文所分析的那样，富豪是愿意为稀缺买单的，如此高端的项目能取得不俗的业绩与操盘团队营造的"价值感"有直接关系。值得说明的是，桃花源看似总结的是七个价值点，但依然可以凝结成五大要素，这里就不再说明了。

# 09

## 豪宅"感觉"营造手法

作为地产营销人,我们不是产品的设计者,最多只能算是产品设计的参与者,但这并不是我们不去深入理解产品价值的理由,因为营销的主要工作之一就是将产品的预期得到客户的认可,并在此基础上转化为客户的需求。

从营销的各个层面来说,"感觉营造"是一个艰难的过程,而且项目越高端各方面的工作就越难展开,这需要豪宅操盘手既有大格局,又能指导细节落地。笔者总结了"感觉营造"的四个方法论,供大家参考(图3-5)。

图3-5
豪宅"感觉营造"方法论

## 1. 产品维度的转变

产品氛围的营造是"感觉营造"的基础,这一点本书已经多次强调。人类有五种感觉:视觉、嗅觉、听觉、触觉和味觉。通过这五个方面进行场景塑造,形成立体化的冲击力,是豪宅项目具备的最基本条件。

那么从营销的层面我们该如何让产品更具厚重的价值感呢?其中最重要的一个转变就是实现产品从"冰冷化"到"温情化"的转变,这里的"温情"不仅指"温暖"或"温馨",而是强调产品有"温度"和有"态度"。

"客户谁的话都听,唯独不听我们的话",这是一线销售员普遍存在的困惑,信任感都无法建立,我们怎么谈"温度"和"态度"?

笔者给大家的建议是:如果牵涉产品的核心理念,事关产品的独特卖点,事关开发商的匠心精神,最好先让专家来说,然后再让置业顾问带领去体验。

### 绿城蓝湾小镇"江南里"组团的产品态度

绿城蓝湾小镇是国内知名的文旅型度假小镇,位于美丽的三亚清水湾国际旅游度假区。2018年,项目即将推出最核心的组团,宋卫平先生亲自参与产品定位,要求将杭州"江南里"的中式别墅移植到该组团(图3-6)。

江南别墅"南迁"的确是一个不错的创意,但是设计师们却犯难了,要知道三亚是具有热带海滨风景特色的国际旅游城市,属热带海洋性季风气候区,年平均气温25.7℃,空气湿度大、海风很大,而中式建筑中采用了大量的木质结构,湿度过大

图3-6
绿城蓝湾小镇江南里实景图

的气候会引起木材的腐烂,中式建筑讲究坡屋顶,尤其是屋顶上的片瓦,在海风的长期侵蚀下很容易风化,这些问题该怎么解决呢?要知道,这些技术问题必然是客户将来购房时最大的抗性。

面对这一问题,操盘团队特意邀请了浙江绿城建筑设计有限公司总设计师、宋卫平心目中的中式首席设计师蒋愈先生拍摄了一段兼具情怀与专业的视频。

在视频中,蒋总是这么回答以上问题的:

因地制宜,这是它(江南里)拥有生命力的关键,很多改变,由此而来……比如巨大的出挑,唐宋风大尺度的出檐不仅契合,还非常适合度假风格,在檐口的变化上我们会更平缓更舒展,创造既能让人享受海南好空气和海边美景又不受日晒影响的舒适环境;还有青瓦,如果以江南堆叠的技法进行铺装,那么它无法抵抗类似台风这样恶劣的天气,我们在使用了特制的耐晒、耐潮瓦片之外,也重新调整了屋面的设计坡度,并且运用了卧浆的工艺使瓦片与屋面更好的连接,这样能够更好地抵挡风雨的冲击;再比如木构,木构是中国传统建筑的精髓部分,但是海南日照强、白蚁多,使用木构缺乏可行性,我们反复研究,最后找到了一种神似木材的铝材来代替……类似这样的设计调整数不胜数。

客户看完这段视频之后,不仅完全打消了对产品可能存在的疑虑,还对绿城的匠心精神更加赞许。蒋愈先生的一段话可以抵得上置业顾问一百句话,我们正在做一个"有态度"的项目,但也需要一位"有态度"的人去阐述。

除了大师强有力的背书之外，在产品维度我们还可以增加一些"衍生品"去提升客户对价值的认同，如青岛的融创阿朵小镇项目，项目与多家单位合作生产了蓝莓汁、面膜等衍生产品，绿城开发的安吉桃花源项目也在衍生品上下了很大功夫，瓜果蔬菜、五谷杂粮、笋干、核桃等农产品非常丰富，呼应了项目"农耕、康养"的主题定位。

### 2. 营销旋律的转变

传统的豪宅营销最热衷于奢侈品品牌的嫁接，通过奢侈品的"贵"来提升豪宅项目的"价"。后来，豪宅营销界提出了"贵族"概念，意为"豪宅传万世，家风塑贵族"，最后还得出了"中国没有真正意义上贵族"的结论，从而去"教育"客户要树立贵族意识。

笔者认为，中国虽然很少有像欧洲贵族那样的体系化，正是中国伟大的儒家思想在起作用，儒家文化中强调国家利益大于家族利益的观念，倡导"国在前，家在后，不安国，何以为家"的思想。在国家和家族利益的面前，绝大多数情况下会选择前者，所以更多的会出现一个政权去扶持或依赖一个家族的崛起。欧洲不同的是，欧洲贵族更多的是不依赖于国家，而是实行自给自足的经营体系，无论营利还是亏损，都由贵族自行承担，绝大部分属于经济和行政独立。

从这方面来说，中国的家国情怀更具大局观，更能体现出独有的文化。中国近年来在倡导"文化自信"，在这样的背景之下，笔者认为"中国无贵族"的说法不应该运用在豪宅营销中，但是，"贵族文化"是良好家风的基础，这一文化反倒是提升客户价值感的有效方式。

什么是"富"？什么又是"贵"？笔者认为：富，体现在外在；贵，掩饰不住！

图3-7
"富"与"贵"在豪宅营销上的区别

富,或传承数代;贵,则传承万世!富,多以财富为依托;贵,讲究精神层面的丰富,强调自我修养、社会责任感的提升。

如果运用到豪宅营销中,它们之间的差别是(图3-7):

"富"或许是一辆名车、一艘游艇、一款名包、一块名表……而"贵"则是分享、慈善、学习、健康……所以我们倡导,以后的豪宅营销过程中,线下活动要以提升客户自我修养以及社会责任感为主,但这并不意味着要放弃"富",毕竟豪宅的调性还是要保持在高水准的。

## 3. 营销布局的转变

凡是豪宅,要么中心,要么核心!

中国大部分城市框架都是"1+N"模式,即一个市中心和N个副中心,随着城市的高速发展,中心及副中心的土地越来越稀缺,地段较好的位置多以大平层或高端公寓这两种产品存在,一些低密度的顶级豪宅大概率会出现在老城区,杭州就是这类城市的典型代表,杭州的顶级豪宅基本出现在市中心和钱江新城,成交的千万级豪宅中近60%的产品是高端公寓,约28%为联排产品,独栋别墅和双拼别墅仅占12%。

中心位置拿地难度越来越大，所以大部分开发商选择在近郊拿地做豪宅，失去了中心，在营销这个层面必须要塑造项目的"核心价值"，中心是地理上的概念，而核心是资源上的概念！核心，不仅仅是地段和配套，更是产品的标杆、财富的核心、人文的核心……

豪宅客户喜欢购买标杆类项目这是业内的共识，如果项目地段或配套上不占优势，而在营销层面又失去了"核心"优势，我们必将在促进客户成交的这个环节再次落败。也许有人会问：如果项目本身的确没有核心资源，那该怎么办？

记住，核心是塑造出来的（图3-8）！

高调的推广策略是提升项目调性、输出项目核心价值的有效方式，豪宅推广最忌讳小打小闹，"大部分人都知道"是豪宅营销成功的基础。产品卖点最大化策略指的是将项目独特的产品卖点不断提升，打造成为具有绝对排他性的核心卖点。有些项目虽然在郊区，周边配套暂不完善，但是每一个区域都有其独特的政府规划，再者，凡是购买豪宅的客户对日常配套的需求量并不是很大，只需要通过政府规划强化客户的购买信心。"主要客群分析与提炼"要求我们借助周边的配套资源和产业结构判断未来的主要客群，然后将客群标签化，进而形成营销战略，构建新的项目核心资源。

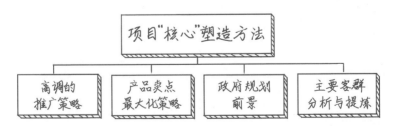

图3-8
豪宅项目"核心"塑造四种方法

## 案例分析

### 苏州融创壹号院的"核心"塑造过程

融创壹号院项目位于苏州东太湖畔,吴中区和吴江区的交汇处,距离市中心约12公里,是典型的近郊豪宅。周边配套并不算完善,除了永旺梦乐城之外更多的是工业厂房,用"人迹罕至"来形容这个板块并不为过。

然而,操盘团队正是在这块土地上打造了项目"核心"价值,成功地树立了其高端形象,创造了在逆市中的销售奇迹,他们是怎么做到的呢?

知道操盘团队赋予这个项目什么标签吗？稀缺资源！一般人很难把这个词组与板块现状联想在一起，那么操盘团队的底气从哪里来的呢？源于政府对该区域的宏伟蓝图和规划纲要，政府的计划是把太湖岸线打造成"东太湖百里风光带"，成为面向长三角乃至全国全世界的高端休闲度假目的地，江苏省委领导要求一定要以高标准建设，将太湖新城打造成为"21世纪苏州城市建设的最大亮点"（图3-9）。

有了政府的强大背书，接下来的工作方向就有了清晰的目标：

首先，融创于5月份高调地召开了"全球品牌暨案名发布会"，会议地点定在香港最高地标环球贸易中心118层，企业家代表和正和岛部分会员受邀参会，这一动作夯实了项目的豪宅地位。

图3-9
融创壹号院及苏州湾
（部分）效果图

7月30日,"中国ONE家族俱乐部"成立,提出了会员的9大服务体系,开始对高端客户进行有效收拢。

10月15日,项目值荣获"亚洲十大超级豪宅"之机,在线下定向邀约长三角名流近3000人,召开轰动一时的"亚洲之夜"社交派对,受邀人士盛装出席,CHAUMET、Mio Couture、劳斯莱斯、法拉利、宾利、玛莎拉蒂等全球一线奢侈品云集助阵,沪、苏等长三角城市的各界精英、名媛更是纷纷出动,共襄这一年度圈层盛会。

这三步营销动作不仅树立了项目的高端形象,更将有效客户收入囊中,融创以一己之力把这个沉寂的板块打造成为"资源稀缺"的热土。

### 4. 营销手法的转变

"价值感"可以说是豪宅营销的热门词汇,因为豪宅营销人的工作就是将所有价值传递给客户,让客户感同身受。在豪宅营销中,"价值感"大部分来源于稀缺(图3-10)。

资源指的是自然资源、城市资源和人文资源;产品指的是建筑、景观、精装修等组成的场景集合。我们重点来谈谈平台稀缺和感受稀缺:

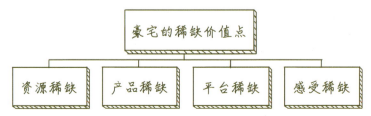

图3-10
豪宅的四大稀缺价值点

根据本书第六节"富人思维与刚需思维"所述,富人所认知的价值大部分是不可量化的,他们尤其认为资源的潜能更是无比巨大,所以我们在营销过程中需要帮助客户构建各类平台,苏州桃花源的"桃源会"、星河湾半岛的"私人俱乐部"、融创壹号院的"ONE家族俱乐部"等正是平台价值的充分体现。根据客户的需求,我们可以从三个方面来构建平台(图3-11)。

星河湾在这方面为我们树立了典范,星河湾原副总裁梁上燕女士为公司总结了四大资源:星河湾庞大的高端业主资源、服务于星河湾的国际国内关联企业的丰富行业资源、星河湾的奢侈品战略合作伙伴以及良好的政府资源。通过对所有资源的整合,她专门为营销工作凝练了三种递进式的平台:

生活平台:旨在为业主整合更多高端品牌资源,提升生活品质;

事业平台:旨在为业主提供理财投资、商业外交等平台;

修为平台:旨在为业主提升个人修养,承担社会责任。

在这样的指导思想影响下,一系列活动营销展开了:夏季高尔夫联谊赛、少儿才艺大赛、北京外商俱乐部揭牌仪式、十国大使国际上流私密聚会、世界奢侈品协会进驻星河湾发布会暨慈善晚宴、汶川地震业主捐款献爱心等。在这些平台上,业

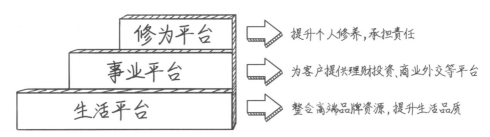

图3-11
递进式的豪宅平台

主不仅交到了朋友，体尝到了生活的真谛，还洗涤了心灵。

"感受稀缺"其实是场景精细化以及各种营销手法叠加之后所带来的结果，主要强调的是专属性或私享性。具体表现形式有三种（表3-1）。

豪宅的"感觉营造"手法是本书前三章所有内容的集合，我们可以发现，从营销手法上来看与普通项目没什么不同，重点是思维方式的转变与思考深度的强化。首先我们最应该做的是摒弃刚需逻辑，累加式的卖点罗列毫无系统性，而且客户未必能够认同；其次，不要受制于价值体系的框架，取而代之的是围绕豪宅的价值标签，把每一个细节夯实，同时需要高屋建瓴地营造项目的"价值感"，让客户能够切身感受并且认同，那么成交就是自然而然的事情了。

豪宅项目"感受稀缺"营造手法　　　　　　　表3-1

| 序号 | 类别 | 手法 | 具体要求举例 |
| --- | --- | --- | --- |
| 1 | 资源私享 | 让业主最大限度享受公共资源 | (1) 项目具有昭示性和标志性，私属领地界定明确<br>(2) 公共资源私享，通过标示、规划达成私享空间 |
| 2 | 配套私享 | 让业主的社交生活圈层化 | 配置顶级设施：游艇码头、红酒雪茄坊、贵族学校等，并且通过会籍、俱乐部等形式达成专属私享 |
| 3 | 感觉私享 | 让业主的影响力和隐私得到尊重 | (1) 服务是一对一的，强调身份的对等<br>(2) 在尊重其圈层影响力的同时，保护业主的私密 |

# 10
## 豪宅文化的价值提炼

在很多人眼中，文化只是一种氛围，是不可描述的事物，如何将文化价值提炼为豪宅的居住价值是一件难度很大的事。

中国人非常注重文化的传承，大部分城市都有自己独特的文化背景，房地产项目作为城市中重要的组成部分，理应承担起文化延续和发扬的重任。我们发现，大部分城市的豪宅多以产品形态、景观设计等方式呈现，就连文化资源相对匮乏的现代化城市都会借助设计师的背景或软硬装的品牌背景丰富产品文化。

文化是一种影响。它可以影响城市，城市因人文豪宅的出现而引起一场对城市格局与文化传承的思考与讨论；它可以影响人们的生活方式，人们因人文豪宅的出现而摒弃了传统的居住观念，开始重新对品质生活的思考与向往。

文化是一种格调。它创造了深远的意境，而这种意境只有少数人可以理解，一旦理解，则会成为一种信仰。

任何一个项目，失去了文化内涵则显得空洞，毫无张力。对于豪宅项目更是如此，是文化让一个只有几百平方米的空间生机勃勃。**文化才是豪宅最昂贵的奢侈品！**

因此，作为操盘手一定要深谙设计师赋予产品的文化价值，并且将这种文化转

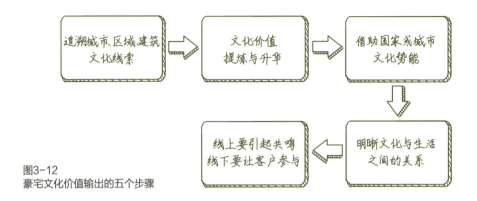

图3-12
豪宅文化价值输出的五个步骤

化为客户的认同点。笔者为大家介绍一下文化的输出步骤（图3-12）。

（1）寻找文化线索

如果建筑设计师把城市文化引入了建筑，我们应该去寻找城市文化的源头，如果建筑文化与城市文化无关，我们应该多关注建筑文化的源头。文化线索找到之后，要明确哪些线索在产品上有具体的呈现。

（2）文化价值提炼

文化线索繁杂，我们需要将众多线索进行归类，如商文化、街巷文化、园林文化、古建筑文化、建筑环境艺术文化等，找到代表性的人物或历史事件，然后将其提炼，形成项目的文化定位，但值得说明的是，所有的文化定位必须与客户未来的生活有关，与生活无关的文化理应摒弃。另外要注意文化价值的提炼高度，根据本书第8节的豪宅价值标签来看，豪宅的文化塑造一般都与"家风"有关。

（3）借助文化势能

随着中国"文化自信"的呼声越来越高，每一个城市的管理者都将文化建筑作为重点工程来对待，而每个城市的文化特色又不一样，所以豪宅的文化价值需要顺应时代的发展，这样就会容易引起客户的共鸣。

### （4）文化嫁接生活

为了能够诠释文化内涵，让客户理解文化，我们需要使文化元素在社区内具象化、在样板区具象化、在销售物料上具象化。为了能够让客户充分理解文化的价值，可以采用对标的形式来阐述文化带给城市的影响、文化对生活方式的转变。

### （5）文化的输出

在线上我们需要将提炼的文化高度进行灌输，而在线下，我们需要采用活动、体验、展示等方式将文化落地，让客户在体验中认同文化价值。这一点在社群营销中也极为重要，社群营销能够成功很大程度上取决于客户对社群文化价值的认可。

比如位于苏州古城区的"泰禾姑苏院子"项目，为了与江南数千年的文化达到契合点，快速地与苏州精英阶层达成文化认同，项目在起势阶段发起了"全民手绘百米《姑苏繁华图》"的活动，除了找业内知名大咖背书，还通过循环路演的形式完成了文化传递工作，让项目品牌迅速落地。

#### 福州融信"海月江潮"项目的文化塑造与输出

"海月江潮"项目位于福州市上下杭历史文化区内，是一个完全区别于传统房地产开发的项目，因为这块土地里拥有令人望其项背的历史文化资源：7条重点保护街巷、7条一般保护街巷、1处文物保留单位（苍霞基督教堂）、16座历史古建筑和8

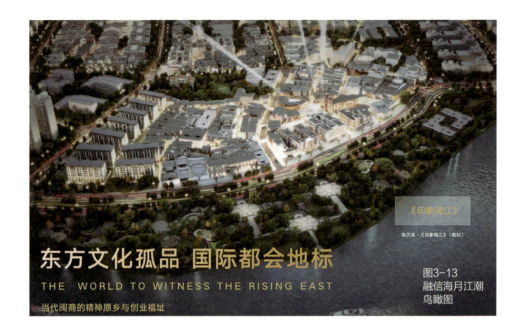

图3-13 融信海月江潮鸟瞰图

座传统风貌建筑。如光绪年间就存在的福建官银局、福建第一家西洋菜馆嘉宾洋菜馆、福州规模最大的英式建筑苍霞基督教堂等（图3-13）。

浓郁且可贵的历史文化价值注定了这是一个不一般的项目，注定了操盘团队要对文化价值挖掘的深入。

**第一步：寻找文化线索**

项目所在区域汇聚了丰厚的历史资源和人文资源，围绕着这片区域，曾聚集了260多家商行，100多家钱庄，30多个会馆，被誉为"福州传统商业博物馆"，从福州首富张秋舫到东南茶王欧阳康，再到马来西亚爱国侨领杨鸿斌，曾经煊赫一时的十大富豪，有八家由此而兴。

每一栋古建，都是一个望族百年传奇的见证，都曾在历史上留下过辉煌的一笔，是不可复制的，更是独一无二的。不仅占据着城市核心的正脉水轴，更是坐享百年闽商文化的基业福祉，属于老城中心极具文化价值和商业价值的一号资产。

**第二步：文化价值的提炼**

地脉：千载海丝门户 百年国运商埠；

孤品：煌煌文保区 二十三栋百年古建；

恒产：七大恒产 定鼎家族基业；

圈层：全球闽商四海龙归 秀领中国。

**第三步：借助文化势能、明晰新的生活方式**

（1）文化复兴论

国势论：从顺应国际化进程，到逐渐掌握话语权——世界中心 重回东方；

城市论：从探索世界的窗口，到回归祖国的门户——世界智慧 重聚东方；

文化论：从盲目崇拜洋文化，到东方文化的自信——世界审美 归心东方；

品牌论：从"更美丽"的主张，到"更中国"的实践。融信和时代、中国一起打造中国向心力，打造东方文化复兴名片。

起势宣传语为：上下千年 世界归心。

（2）城市生长论

站在城市发展的高度，对标伦敦、曼哈顿、上海等城市，提出了CAZ（中央活动区）的高度占位，CAZ不仅包含金融和商业服务业，还具有旅游休闲、购物消费、文化娱乐、体育健身为一体的大型商旅文化活动集聚区。CAZ是一个城市的核心，并把握着城市的经济脉搏。

再对标北京太古里的商业休闲文化，提出项目承载着"创造融合商业与居住的福州样本"，实现文旅地标与人居主义的双重城市名片。

宣传语为：潮起东方 世界共建。

（3）生活进化论

房子从原本的物理空间上升为心灵居所，最终上升为"自我实现"的需要，借助这样的平台可以产生资源和思想的碰撞，并且带来新的财富和智慧。

对标上海新天地和北京太古里，这两个项目多为短期体验功能，而海月江潮可以满足长期的心灵归属需求，这是一种基于文化和人性需求的升级（图3-14）。

宣传语为：东方文化基底的国际都会范本。

**第四步：文化价值的落地**

2019年4月，项目获得CHINA-NEW全球地标大奖。

5月25日，WE+国际美学论坛在项目启幕，国内外知名专家和媒体集聚海月江潮与100多万线上市民共同见证；6月19日，全球青年闽商论坛召开，融信总裁余丽娟上台演讲，同时"全球闽商交流中心"落址海月江潮；6月28日，全球招商发布盛

图3-14
福州海月江潮商业效果图

典启幕；7月30日，借助"福州古厝保护与文化传承论坛"的东风，项目举办了一场名为"探访城市脉络，追寻苍霞印迹"的论坛；9月27日，128米鸿篇巨作《郑和下西洋》画展在项目举行；10月17日，闽商、晋商两大商帮汇集海月江潮，共话商道传承……

此外，项目以其独特的文化性格与建筑特点，成为当地有名的打卡点，这一系列精细化的举措成就了项目从文化塑造到文化落地再到文化认同的过程！

# 创新思维 4

定位高端化已然成为房地产营销的门槛,

但是,若豪宅的定位没有"排他性"就会立即没腔调!

# 11
## 豪宅排他性形象的重要性

房地产界最受欢迎的一个词是"均好性",可大家想过没有,品质型楼盘的产品水准越来越高,产品之间的差异化越来越小,如果市面上所有的项目都有很高的"均好性",那你的项目如何具有强烈的可识别性,如何产生高溢价呢?

再者,目前中国的"豪宅"市场乱象丛生,有些开发商为了提高溢价,提升了产品品质,创造了一些产品附加值,而营销团队为了迎合管理层的意图,开始了一段"豪宅的打造之旅",但由于项目缺乏真正的豪宅基因,营销工作一度难以打开,客户认同度也不高。

所以说,无论是真正的豪宅还是"伪豪宅",树立项目的排他性形象是营销团队在汲取了项目核心卖点和了解真正客群需求之后面临的首要工作!

如果仔细研究近年来的房地产广告,我们发现同质化现象极其严重,在主色调上,蓝色系、黑金色、咖啡色系、玫瑰色系等一直是主旋律,毕竟,在"极简风"风靡中国的时代背景下很难有让人眼前一亮的创新。但是连广告语也出现了趋同性,"品质""轻奢""传世之作""人文豪宅""领导者""巅峰""领袖""资本之上""样板""头等舱"等词汇充斥着我们的视觉神经。

并不是说这些词汇不好,我们依然提倡大家在不违反《广告法》的前提下使用豪宅化的语言去拔高项目的企划调性,但我们更加倡导大家把项目的核心卖点升华到站在客户维度的"买点"或"生活格局",在同质化的今天突出项目形象,把这个标签深深地烙印在客户的心里。

我们以深圳为例,众所周知,深圳有这样两个片区,不仅盛产豪宅,而且这个片区距离很近,那就是"蛇口片区"和"后海及南油片区"。2015年是这两个片区豪宅市场迸发式发展的一年,库存及新上市的高端房源高达四千套,而这些项目的操盘团队除了线下渠道在暗暗发力之外,线上的形象树立或重塑策略也是百家争鸣、精彩纷呈。

我们从后海及南油片区的深圳湾1号项目开始说起(图4-1),该项目在彼时已经是深圳乃至全国知名的豪宅项目了,它的形象定位语"世界湾·1号著作"简明扼要地直指其核心区位,其"1号著作"不仅与案名有效呼应,还奠定了豪宅霸主的地

图4-1
深圳湾1号

位；"著作"两个字使用的也非常考究，让客户很容易将"匠心"与之联想，这在后期的产品打造方面也得到了印证。让笔者最难忘的是该项目于2014年6月6日在希尔顿酒店召开的品牌发布会，主题为"因信念 而屹立"，深圳湾1号的信念是什么？这要从董事长徐航的经历寻找线索，在做房地产之前徐航还担任上市公司迈瑞医疗的董事长，据说在做深圳湾1号之前他就和圈内好友说，要做出一个让大家都喜欢甚至超出他们期望的房子。为了完成他的这一梦想、践行对世人的诺言，他不惜代价豪掷千金打造出了这部"著作"，尽管中途也遭遇销售不畅问题，但依然靠着他坚韧的性格和对产品的极致追求完成了它。这就是"信念"的力量！

深圳湾1号附近有几个知名豪宅项目，在形象的排他性上就遭遇到了瓶颈，只好尽量保持着与深圳湾1号同样的调性。但有一个项目却剑走偏锋，那就是华润深圳湾悦府项目，该项目并没有走高调的奢华路线，而是借助于区域的整体势能，在项目定位为"全球时代的城市范本"基础之上提出了"生活的作品"，并用"繁于外 简于内"六个字来诠释生活的真谛，提倡自然、健康、艺术、人文的生活格调。

蛇口片区的豪宅同样精彩，老牌豪宅项目招商双玺的形象是站在客户维度凝练而出的，"致改变的领袖"和"一生一语 如玺珍藏"道出了"顶层人士方配稀缺资源"的道理；半岛城邦项目的那句"坐山引海 湾区首排"道出了项目绝对排他性的地理优势，后来企划团队将形象进一步上升到思想境界的高度"无界山海无界观"，这句话听起来就让人顿觉心旷神怡、包容天下！

还有一个项目也值得说一下，它更靠近前海自贸区，位于小南山观山道一号的汉京九榕台项目，它的排他性形象从案名的寓意就知端倪："九"意为"九五至尊"，象征着帝王的威仪；"榕"，小南山下的百年古榕是一道独特景观，同时"榕"与"容"、"融"和"荣"读音相同，意味着项目倡导"包容""融汇文化"的精神，也强调了项目屹立于繁荣的城市之巅的地理优势；"九榕"又读"久荣"，寓意美好！

图4-2 汉京九榕台项目广告画面

"台",关联项目所处半山地貌,传达出"拾级而上"的人生步调(图4-2)。

紧接着企划团队开始对项目排他性的定位语进行塑造,他们要求对外的价值一定要有"三必须":必须要有地段表述、必须要传递稀缺资源、必须有当代精琢建筑的意向!最终他们将定位语落定为"自贸区 龙脊 山著"。

2019年该项目与台湾著名建筑与室内设计大师程绍正韬先生合作,推出了大师定制级的观山低密度联排产品"汉京观山墅",合计15套,总价在8500万元到1.3亿元之间。可以说,这一合作是除了企划层面外的又一次排他性形象的树立。

所以说豪宅营销中标签的力量是不可小觑的,它可以是项目最具排他性的卖点,可以是设计师最核心的理念,可以是我们倡导的最新的生活方式,也可以是文化的凝结,这个标签尽管具有可复制性,但也因为市场认同在前而赢得先机。

# 12

## 豪宅排他性形象打造手法

尽管笔者运用了大量的篇幅来陈述豪宅项目排他性形象的重要性,但我们深知,排他性形象在某些层面讲是一个"伪命题":从战略层面讲,豪宅的产品、定位、客群同质化严重,排他性是很难做到的;但是这并不影响我们从战术层面尤其是企划层面对豪宅进行包装,赋予豪宅独一无二的内在价值。

说到排他性形象的打造手法,不得不提一个经典的案例:克劳德·霍普金斯是美国广告史上著名的广告文案撰稿人,他有一次在火车上偶遇一个叫舒利兹的企业主。当时舒利兹的啤酒卖得很不好,只好外出推销啤酒。闲暇之际,二人交流起了啤酒,霍普金斯问舒利兹自己产品的卖点,但舒利兹坦言"它最大的问题就是没有卖点",然后把生产啤酒的整个流程都跟霍普金斯说了一遍。结果霍普金斯很快就写下一段广告语"每一瓶舒利兹啤酒在罐装之前都要经过高温纯氧的吹制,才能保证口感的清冽"。舒利兹不以为然,说这并不是产品的卖点,因为每一家工厂都是这么做的。但霍普金斯非常自信,依靠"看效果付费"说服了舒利兹,后来舒利兹啤酒大获全胜。

这个故事告诉我们:卖点不一定是唯一性的,只要站在客户的角度看是"唯一性"就行!别人没有说出来,而你说出来了,这就会变成你的唯一性卖点。

我们再说一个非地产案例：台北有一家看上去不起眼的小店铺，名为"牛爸爸牛肉面"，它因一碗高达10000元新台币（约人民币2316元）的"元首牛肉面"而声名鹊起。在其成功的背后是店主20年的匠心熬制，是店主对食材严苛的要求：牛肉是来自日本、澳大利亚、巴西的顶级牛肉，汤汁是牛身上六个部分熬制调和，面粉来自日本。它最大的特色是店主可以按照客人对面条软硬的要求进行烹制，客人用餐还需要等待两个月。

这个案例又告诉我们：产品是塑造排他性形象的核心支柱，在这个快节奏的社会，有眼光的富人一定会为"匠心"买单的。

基于对以上两个故事的思考，我们提出了豪宅项目排他性形象的五种打造手法（图4-3）。

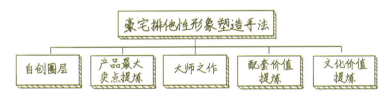

图4-3
豪宅排他性形象塑造的五种手法

1. 自创圈层

当我们的产品与竞品没有明显优势的时候，自创圈层是创造项目排他性形象的主要方法。自创圈层是一个体系化工程，其内核是"服务的精细化"。通过售前、售中、售后过程中为客户打造高端的圈层氛围和私属享受，产生的项目高端形象。

## 2. 产品最大卖点提炼

产品最大的卖点具有先天的排他性,一般源自建筑设计师的核心理念,我们作为价值感的传输者需要理解设计师的创作意图,充分挖掘设计师赋予项目产品的精神价值,然后进行不断的升华与凝练,最终成为排他性的形象。

**案例分析**

### 北京东五环外一个和"光"有关的项目

2017年初,保利新东坝项目在五环路的户外广告牌上推出了"一个和光有关的项目",除了这几个字外,关于这个项目没有更多其他信息。

这个项目悬疑式的推广手法一开始就吸引了无数人的眼球,操盘团队后来又通过"光之森林""光之凝视"和"光之破晓"三部曲逐步揭开项目的神秘面纱,直到"光之破晓"项目发布会上人们才明白:这个和"光"有关的项目最大的卖点就是"光",大面积玻璃幕墙、270°采光面、五层高的采光中庭等元素在建筑上得以运用。设计师依托光的灵动性和神秘感,形成建筑、自然、光影与人的互动,打造保利新一代北京国际生活蓝本(图4-4)。

为了将"光"所倡导的生活方式进行有效诠释,操盘团队邀请台湾知名设计师邱德光制作了一段视频,邱德光先生亲自配音,诠释了他的设计理念:

我位于台北的家有前院、后院,厨房面对着花园,生活的场所与自然融合在一起。在我看来,家是一个让人的身体与精神都能够栖居的地方。什么样的家才能让人栖居?在"光"里我找到了答案。我这次为北京保利和光尘樾打造的光之

图4-4
北京保利和光尘樾实景图

舍，还原了我梦想中的家，这座家宅是"有机"的，你感觉这是一座建筑，然而当你走进室内你会发现这是一个自然环境：它是一个通透的玻璃盒子，通过"做减法"的设计，我打破了上层下层、室内室外的界限，一个贯穿南北的采光中庭直通往屋面，使得光成为连接整体建筑的枢纽，几乎每个空间都做到两面开窗，以玻璃代替实墙，每个空间均巧妙地引入自然，将庭院内的草木、流水汇入室内，这样的设计借鉴了苏州园林层层推进的造景之道，使得生活在北京都市的人们在有限的空间里能够感受到古时南方文人游园的雅趣。伴随着日出日落光影明度的变幻，光空间与实体空间在这里不断地进行着对话，也牵引着人的心境……在这里你可以慢下来，静静地感知自然、感知生活、感知时间……

### 3. 大师之作是树立排他形象的捷径

近年来开发商与知名大师的合作越

来越多，主要原因有三：第一，大师可以赋予产品更多的文化价值，通过"定制"概念的输出可以让客户感知其稀缺的价值；第二，很多大师强调建筑与人之间的关系，与开发商的产品设计理念不谋而合，大师的参与可以让产品更富活力；第三，借用大师的影响力很容易找到项目的排他性形象。

### 案例分析

#### 苏州"万科大家"项目的排他形象

当"万科大家"这个案名出现在户外广告上的时候，已经给人们带来众多猜想，第一印象：既然是"大家"，一定是一个豪宅项目；第二印象：该项目一定有大师的参与。

果然，随着项目进展的层层推进，人们的猜想得到了印证。这也是万科成功的第一步！

"万科大家"的外部基因其实并不好，它位于苏州阳澄湖畔，高端配套相对匮乏，周边虽然有一些别墅区但是大多品质不高，二手别墅的单价大约在2.2万元，然而正是在这样的环境下，"万科大家"实现了逆市中单价3.5万元以上的突破，而这一业绩的获得与两位大师是密不可分的。

宋照青先生，日清设计创始人、总建筑师，曾经参与上海新天地的设计；朱育帆先生，清华大学副教授，著名的景观设计师。两位大师双剑合璧，分别对建筑与园林进行了精雕细琢。在建筑上以"极简风"为主，通过门、巷、院、墙、廊构建出层层递进、温馨安静、私密性强的空间感受；在景观上通过"逐影、雨镜、庭光、缦廊、归宇、听涛、抱水"七景营造和谐静谧的慢生活场景（图4-5）。

图4-5 "万科大家"项目实景图

走进样板区，你会发现走进了风雅名士的府邸，没有奢华的装修，没有浮夸的建筑元素，到处都是精致而简约的景观小品。正应了操盘团队对项目的定位"百栋独立思想 致敬风骨大家"，追慕"绅"之风流、"士"之风骨，为现代雅人致士打造一个理想的栖居场所。

## 4. 配套价值的提炼

配套价值为己所用可以在排他性形象塑造方面起到事半功倍的效果，有些项目的配套价值是极其贵重的，比如一条国宾大道、一座国际会议中心、一座百年名校、一座名人故居等，但是运用此种打造手法之前一定要确保竞品没有使用过。

### 万科翡翠国宾的排他身份打造

万科翡翠国宾项目位于西安高新区，由四个地块组成。项目本身配套资源丰富，然而就在这些配套资源之中，有一座看似低调的宾馆给操盘团队带来了巨大的惊喜，这就是位于项目正南方、一路之隔的陕西宾馆，它被誉为"陕西的钓鱼台"，是一座接待党和国家领导人及召开大型会议的园林式国宾馆，而陕西宾馆北侧的丈八东路则被誉为"国宾道"。

在对陕西宾馆周边土地属性进行多重研究后，万科团队发现"国宾道"这一符号不仅彰显着国家级别的最高标准和礼遇，赋予项目独一无二的地位加冕，也能在经济、产业、环境、人文等方面有无限外延的可能性。

在挖掘了城市价值、区域价值、配套价值、产品价值和客群价值之后，企划团队拔高了项目形象，定位语为"西安国宾道当代人物身份资产"。

第一步，将丈八东路与英国伦敦林荫道、北京长安街进行对标，在凸显配套价值的同时将项目形象拔高；第二步，通过一部纪录片、一条国宾级步道动线、一套沉浸式视觉系统、一本楼书等销售物料将形象落地；第三步，将核心价值卖点进行拆解细化，将"国宾道"上升到"国宾生活典范"，并邀请知名专家学者叶檀、郎波分别莅临"国宾当代人物大讲堂"，通过对当代人物理念的分析、对城市发展影响的分析，呼应国宾人群的内心认知。当然，后续的圈层类的落地活动也是精彩纷呈，掷地有声地向大家传递着国宾生活的真正价值观。

### 5. 文化价值的提炼

文化的内涵包含很多，从土地赋予项目的文化价值来看，有历史事件、历史名人、神话传说等；从社区内部来看，有园林文化、建筑文化、建筑大师、园林大师、软装品牌文化等；甚至开发商老板的性格、创业史等都可以形成一种文化。凡是带有文化价值的事物排他性都非常强，但是值得我们注意的是，小众文化或者尚未被客户认同的文化不可以成为项目的形象，否则会给项目带来很大的风险。关于文化价值的提炼本书在前文中已经多次提及，本节不再赘述。

豪宅排他性形象的塑造并非难事，但这也成为当下豪宅营销中普遍的弊病，其实我们只要运用精细化思维方式，将豪宅的各类卖点以及它们所产生的价值进行最大化的升华与凝练，并且用客户能够感同身受的语言表达出来就可以了，虽易必做，望大家倍加重视！

# 13
## 基于富人习惯的豪宅推广手法

笔者在第一节就曾说过,豪宅营销逻辑的首要工作是解决"大部分人都知道"的问题,很多畅销型豪宅都部署了区域内乃至全国范围的品牌战略,但这一观点并不意味着我们要惊动过多的大众媒体,也不意味着我们要投入过多的广告费,相反,基于对富人习惯的了解我们反而要把推广的重点放在线下。

我们曾经对中国部分富人进行深入调研,发现他们在资讯接触方面呈现五个特征(图4-6)。

### (1)经营圈子与开拓圈子

100%的受访者表示他们一天之内至少有一半的时间是在经营圈子和开拓圈子,这也是豪宅项目喜欢做圈层营销的主要诱因。他们很多的资讯可能不是来自媒体,反而是来自圈内好友的告知,而且他们大部分人表示对圈内好友的资讯表示信赖。

这一特征告诉我们:在圈层内的推广要比线上推广要重要得多,为了培养圈层人士对项目的兴趣、熟知、美誉与忠诚,我们需要反复在圈层内发声。

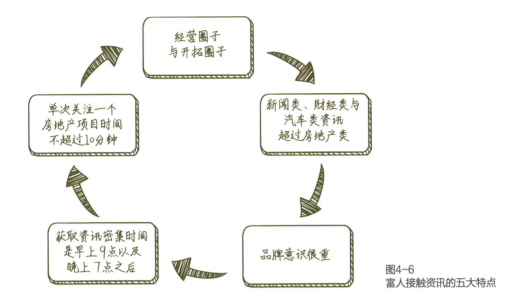

图4-6
富人接触资讯的五大特点

### （2）富人喜欢的资讯类别

高达98%的受访者表示自己上班之后的第一件事情是浏览财经类资讯，而65%的人平时最喜欢浏览的资讯是新闻、汽车和房地产。

这一特征颠覆了我们在推广通路上的认知，按传统做法我们喜欢投放专业的房地产类平台广告，但是往往忽视了财经类、新闻类和汽车类平台，投放这些平台可以更加精准地获取到高端客户。

### （3）强烈的品牌意识

几乎所有的受访者都表示对品牌开发商开发的豪宅更加信赖，这是富人阶层相对集中的消费特性。所以我们不能停止对大众媒体的投放，新媒体的投放也应该常态化。

### （4）接受资讯的最佳时间

我们发现高端人士接受资讯的最佳时间是两个时段：每天早上9点左右，这个时间是以自我捕捉资讯为主；每天晚上7点之后则是以灌输型资讯为主。

  这一特征告诉我们：早上时段我们应多为媒体为载体进行信息的释放，而晚上时间我们还是要以客户的口碑传播为主。

### （5）项目关注时间

  从受访结果来看，我们会面临一个很大的问题：高端客户单次聊一个房地产项目一般不会超过10分钟。也就是说，如果我们的信息频率不高，或者客户所在的圈层内缺少了针对本项目的谈资，客户极其容易把我们的项目忘记。

  这一特征释放的信号极其重要，我们每次推广的内容不仅要有谈资，而且内容不宜过多，不能奢望客户在接触少量信息之后就能获知豪宅的真正价值。

  针对以上的分析，我们总结出一套豪宅推广的"BCCDC法则"（图4-7）。

### （1）品牌优先

  美国非虚构作家理查德·康尼夫写了一部名为《富人是野生动物》的畅销书，

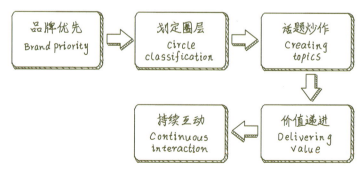

图4-7
豪宅推广的BCCDC法则

里面一针见血地"揭露"了富人的三个谎言：我对钱不感兴趣；我对社会地位完全无所谓；我才懒得去引起别人注意。实际上掌控资源、社会统御和有效的炫耀行为，都是高级猴子和穿高级衣服人类的根本药物。假装不在乎，只是为了表示礼貌和修养。

所以我们千万不要误以为富人都是低调与谦卑的，都是不显山不露水的，他们在追求个性、彰显身份与财力等方面比普通人更加充满斗志。

豪宅项目作为一个城市的顶级圈层聚集地，如果没有了品牌的支撑是无法吸引到挑剔的富人的，因此，任何一个豪宅项目都需要将公司品牌作为第一推广要素；如果你所操盘的项目没有品牌支撑，那么必须在项目品牌上多下功夫。

### （2）划定圈层

关于圈层营销的工作要点本书将在"创新思维六"中详细阐述，本节需要提醒大家的是，**要想进入圈层，首先得明白圈层在哪里**。只有掌握了圈层所在地，我们才能够对圈层进行针对性的推广与资源导入。根据笔者调研以及操盘经验，我们可以把每个城市的高端圈层划分为十大类（图4-8）。

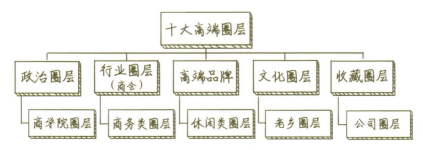

图4-8
富人接触的十大高端圈层

富人每天疲于各类圈层也是出于本性所需，根据理查德·康尼夫所分析，富人会通过各种方式集结财富和巩固其统御地位，其中最重要的方式就是"宴会手段"。更让人惊叹的是富人在一个月内至少会接触到以上十大圈层中的70%以上。

我们要做的事是找到这些圈层并进行有效布局，一定要设置针对圈层进行的推广动作和资源嫁接动作，一旦项目在圈层中形成合力，比任何大众媒体所带来的效果还要明显。

### （3）话题炒作

话题炒作主要是两大作用，一是通过线上炒作形成视觉聚焦，引发民众对项目的讨论；二是为圈层内的高端人士创造谈资，增强潜在客群的记忆度。

在话题设置方面，一定要兼具排他性和美誉度，如明星降临或明星购买、政要参观、规划利好等；如果硬件条件不允许，运用营销手段人为地创造话题也是可以的，如样板房试住、快闪活动、产品包装等。如苏州丰隆城市中心曾经做了一场"全城派发'后悔药'"事件引发市民关注，桃花源项目邀请张铁林老师来做慈善拍卖，北京金茂府在主题为"科技的温度，榜样的力量"发布会上邀请李开复先生讲述对健康生活的感悟……类似的话题炒作不仅可以起到四两拨千斤的功效，还可以为项目带来直接的附加值为销售助力。

### （4）价值传递

前文我们反复提及"豪宅营销的核心是实现价值感的传递"，价值感虽然是体验而来，但是在推广层面我们需要将所谓的"价值"转换成客户维度的利益点，并且通过价值叠加的方式促成客户的到访。此方法前文已经详述，这里不再展开。

### （5）持续互动

客户的到访是推广的终极任务，但是只是来访而没有互动，我们便失去了客户第二次来访的机会。其中，展开一系列的线下活动是一个有效的举措，客户无论是自然到访，还是圈层导入都需要让客户在参与中获知价值，并且在参与之后进行二次推广，形成话题，再次在圈层中进行传播。正如卞之琳在他的诗《断章》中写道："你站在桥上看风景，看风景的人在楼上看你。明月装饰了你的窗子，你装饰了别人的梦。"一旦客户成为别人看中的"风景"同时还"装饰了别人的梦"，他对风景的参与感会越来越强，对风景又是另外一番解读。

与普通项目不同的是，豪宅除了需要线上媒体高调的推广动作之外，更多注重的是线下圈层的推广，这依然是精细化思维在起主导作用，我们需要将圈层细分，提炼出适合该圈层诉求的推广口号，然后找到合适的切入点进行反复推广。豪宅项目尤其忌讳"短爆式"的推广模式，而是应该细水长流，不断地为圈层创造话题将客户导入售楼处进行体验，在体验中继续创造良好的口碑，形成良性循环。

另外值得注意的是，豪宅项目有一种天然的优越性，在推广过程中除了需要塑造排他性的标签之外，尽量使用豪宅化的语言，让客户通过文字就可以感知其价值。

鲁迅先生的那首名句"心事浩茫连广宇，于无声处听惊雷"，描写的是一种无比向往的心境，作为豪宅企划人也应将此诗作为工作依据，心系时代与城市发展，心系潜在客户，在潜移默化中将价值传递最终形成强大的势能！

# 创新思维 5

房地产营销需要深谙中产阶级的人性,

但是豪宅营销必须聚焦"少数人"的内心!

# 14
## 中产阶级与富人的区别

关于中产阶级，目前全球普遍采用的定义依据是他们的财产或收入情况，而胡润认为与其考虑他们财产收入情况，不如去思考他们的消费能力甚至是投资能力。那在中国社会什么样的人才可以称之为中产阶级呢？对于这个问题，他的理解是：他（她）到了月底或年底除去衣食住行等基本生活成本开支后，还可以剩余多少钱去进行更高阶的消费或投资理财。

在结合一些官方数据和案头研究后，胡润研究院设定除去基本开支后，他（她）至少还有50%的收入可以自由支配，提高自己和家人的生活质量。以此基本条件推算出，中国内地中产阶级的规模是3300多万户家庭，覆盖了1亿多人口。

著名媒体人、财经作家吴晓波也给出了同样的观点，他的原话是：任何一个国家的技术创新，比如说美国的技术创新是在20世纪20年代，日本的技术创新是在20世纪60年代，其实都是跟本国的中产阶级崛起有关系。这两年中国提出的供给侧改革、工匠精神，其背后就是新中产阶级的兴起，而这也将推动中国的消费升级。消费升级的动因是新中产阶级理念的改变，他们更关注生活体验。未来，中国将有2亿人口达到中产阶级的层次，这部分群体将是中国消费的主力！

为了能够更加精细地分析当前主流消费客群，胡润研究院特意研究了一批介于中产阶级与富豪阶级中间的群体——新中产阶级。据预测，新中产阶级约占中产阶级的30%，人口规模大约为3000万人。能够达到这个特殊阶层的人需要具备五个条件：

①在常住地至少拥有一套房产且至少有一辆私家车；

②一线城市个人年收入30万，新一线及其他城市个人年收入在20万以上，且家庭净资产在300万以上；

③接受过高等教育；

④他们是企业白领、金领，或者是专业性自由职业者；

⑤正处于职业发展或创业的黄金期，80后是新中产的主力军，其次是70后和90后。

"得流量者得天下"的时代早已远去，毕竟高流量并不一定带来高收益，而这3000万规模的新中产阶级的崛起暗藏着巨大消费力，随着中国经济的发展这部分群体还在不断扩大，是中国当下及其未来巨大的消费动力，当然也会成为改善盘、轻豪宅项目和豪宅项目的重点购买群体。

1. 新中产阶级特征

(1) 新中产阶级画像

中国新中产阶级崛起与国家近年来高速发展有着紧密的联系，他们的年龄集中在35岁到40岁之间，家庭年收入的均值约为65万元，有着较高的学历（96%的人拥有本科以上学历），80%以上的人已经晋升为企业中高层或者是自由职业者。

在行业分布上，TMT（科技、媒体与通信）行业占比最多，达到30%；制造业占比18%，金融业与房地产行业分别占比11%，贸易行业占比6%。

他们有着积极向上的生活态度，无论是物质生活还是精神层面都有着不甘人后的执着追求。他们持有"轻价格、重品质"的消费态度，每年可支配收入大约50万元，在服饰选择上倾向于高端品牌或轻奢品牌；他们热衷于美食，每周至少两次外出就餐；他们喜欢不动产投资以及稳健性理财产品的购买，除了自住房以外至少还持有一套投资类房产；他们偏爱高端品牌汽车，50%以上的家庭拥有两辆私家车（表5-1）。

（2）新中产阶级关注重点

整体来说，新中产阶级是中国所有群体中幸福感最高的群体，拥有良好教育背景的他们更加关注下一代的教育问题，被称为"夹心一代"的他们也特别关注父母与家人的身体状态。胡润研究院调查表明，新中产阶级有五大关注点（图5-1）。

新中产阶级画像　　　　　　　　表5-1

| 基本信息 | 具体状态 |
| --- | --- |
| 年龄 | 35~40岁 |
| 家庭年收入 | 65万元以上，可支配收入50万元左右 |
| 学历 | 硕士及以上24%、本科72%、大专4% |
| 职务 | 企业中高层管理人员、自由职业者 |
| 行业 | TMT行业30%、制造业18%、金融业11%、房地产11%、贸易6% |
| 服饰消费 | 高端品牌+轻奢品牌 |
| 美食消费 | 每周至少2次外出就餐 |
| 住房情况 | 自住房1套，投资类房产1套 |
| 私家车 | 高端品牌，50%以上的家庭拥有2辆私家车 |

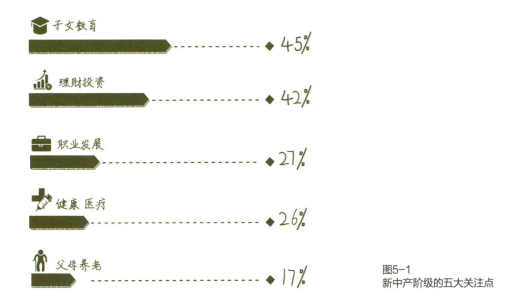

图5-1
新中产阶级的五大关注点

新中产阶级虽然衣食无忧,但相比富豪阶层来说还存在较大差距,他们大多属于稳健型投资,害怕财富贬值,所以对不动产的投资非常关注;另外他们中的大多数人遭遇了职业瓶颈,虽然身居高位,但失去了职业上升通道,创业的想法一直在他们心中萌动。

2. 富人阶层特征

为什么本书一再强调豪宅营销的关键不是营销招数上的变化而是营销思维模式上的转变?主要原因是基于对富人阶层关注重点的研究得来的,相比较中产阶级,富人阶层关注的事物更特别,关注的层次更深入。

经过业内多个操盘手多年的经验,结合我们对富人阶层的调查,发现他们的关注点主要集中在四个方面(图5-2)。

普通的中产阶级可能实现了财务自由,但没有实现精神自由,他们每天大部分时间在追逐名与利,其最终目的是为了得到"认同",同事、上级、朋友、家人等的

图5-2 中产阶级与富豪阶层的关注点

认同点大多在个人财富上。而富豪阶层追求的重点则完全不一样了，他们追求的是意义、美感、生命状态和真认同。

## （1）意义

当人的物质生活达到极大丰富的状态时，开始追求生活的意义、事业的意义、生命的意义，笔者常常听到富人把"意义"两个字挂在嘴边，不禁想到《庄子·逍遥游》里有这样一句话："鹪鹩巢于深林，不过一枝；偃鼠饮河，不过满腹部。"这不就是我们所提倡的化繁为简的生活态度吗？社会学家鲍尔莱说过一句名言："一个人成熟的标志之一，就是明白每天发生在我们身边99%的事情，对于我们和别人而言，都是毫无意义的。"什么是极简？真正的极简，不是物质上的苦修，而是明白我们身边99%的事情都没有意义，从而把时间和精力倾注在那1%的人、事、物上。

说到此我们衍生一个话题：为什么豪宅项目的客户很难邀约？其核心原因就是我们的邀约说辞对于他来说没有意义，值得注意的是"理由≠意义"，我们的邀约内容必须事关他的利益、事关他的颜面才算是有意义。

### （2）美感

美感不意味着美丽，这是人类对客观现实美的主观感受，是一种心理现象。创造美感的前提是好感，当客观事物满足了人的主观需求时，人所产生的快乐感觉才是好感，而当人感觉到能够满足自己主观需求的客观事物的存在时，客观事物的形态特征使人产生的快乐感觉才是美感。

所以豪宅项目大多采用与知名设计师联袂打造的形式，创造出只属于项目特质且符合客户审美的专属产品，我们永远不要低估客户的审美，审美虽然没有统一的标准，但是富人阶层阅历丰富，视野宽广，我们需要在多个维度为客户提供"美感"带来的惊喜。

### （3）生命状态

生命状态包括两个维度，一个是健康状态，另外一个是事业状态。

无论是新中产阶级还是富豪阶层，都非常关注家人以及自己的身体健康，这也是我们强调提倡健康生活的主因，更加强调营销动作能够以健康为主题。

何为事业状态？按道理说中国90%以上的私营企业已经实现了第一代向第二代权力的顺利交接，但是第一代富豪普遍存在着不安全感。香港TVB曾经出品过一部商战电视剧《新创世纪》，剧中的首富因心脏病不得不辞任董事局主席，由女儿继任，女人因经验不足频遭董事局发难，但凭借自己坚强的意志坐稳了主席的位子，就在此时首富在国外接受了换心手术，神采奕奕地回来，结果第一件事就是想把自己的女儿拉下马！这虽然是电视剧情节，但也反映出第一代富豪的普遍心态，他们仍然希望能够掌控全局，这是长期强烈的不安全感导致的。

### （4）真认同

与中产阶级追求的"认同"不同的是，富人并不过分在意周边的人对他的认同，而是更加在意行业对他的认同、社会对他的认同甚至是国家对他的认同。

一个人随着年龄和阅历的增长，会变得越来越"不合群"，这里所说的"不合群"是指保持自己的独立人格和思想。一个有独立人格和思想的人，不会为了得到认可而趋炎附势或者刻意贬低自己，也不会为了突显自己而独树一帜，而是平和的。

所以我们在为富人提供服务的时候要充分认同他对社会贡献的价值，但也要尊重他的"不合群"，但如果反过来想，如果"不合群"的他认可了你的服务和产品，那么成交是自然发生的事。

最后我们再思考一件事：通过以上我们对中产阶级、新中产阶级和富人阶层的分析可以发现，新中产阶级与富人阶层存在着微妙的关联，但又存在着差异，那我们的豪宅营销应该遵循哪一条路径呢？笔者认为，从人口层次来看，新中产阶级3000万人口，占全国总人口的2.15%，完全可以称得上是"塔尖人物"；从营销的调性来看，应本着"就高不就低"的原则开展工作，因此我们的豪宅营销以遵循富豪阶层的四个要点为宜。

我们花费了大量的笔墨来描述这两大阶层，其核心目的是要大家掌握目标客群的兴趣点和痛点，并且在策略制定、场景塑造、活动策略、推广策略、销售说辞中加以运用，只有懂得客户才能做到有的放矢。

# 15
## 富人的"豪宅观"

国内外富豪对豪宅的看法与用途差异还是很大的,十年前笔者去美国游览了著名的海滨小城圣芭芭拉(Santa Barbara),这座只有9万人口的迷你城市却自20世纪中期就是好莱坞明星及上流人士最喜爱的居所,也是全美地价最贵的地区之一。虽然它的"贵"主要体现在资源和位置上,但我认为"个性化"与"人性化"却是当地富人最看重的两大要素。"个性化"主要体现在建筑风格与布局上,几乎每一栋房子都是不一样的;"人性化"体现在内部格局上,主要的活动场所是空间尺寸最大、景观面最宽的。

而中国富人就不一样了,受儒家思想和当今社会风气的影响,中国人对房子寄托了更多的期许,而且随着时间的推移,他们的观念也在逐渐发生改变,以前他们购置豪宅主要是为了彰显身份,而现在的他们虚荣心在减弱,精神层面的追求更是得以升华。作为直面客户的地产营销人,我们必须要明确地知道他们现在的"豪宅观",以便于我们在超越产品层面做出更有针对性的应对。

根据笔者研究,当代富人对豪宅的寄托大致分为五类(图5-3)。

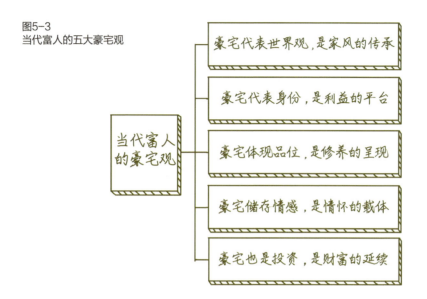

图5-3
当代富人的五大豪宅观

### （1）豪宅代表世界观，是家风的传承

还记得豪宅价值标签的最高层次吗？家族精神！但这并不代表所有的豪宅都必须把家族精神作为主要的标签去打造，关键要看项目的客群定位。中国富豪的年龄整体呈现下降趋势，胡润报告显示，全球亿万富豪的平均年龄为64岁，中国亿万富豪的平均年龄为55岁，中国拥有千万资产的富人平均年龄只有38岁，远比其他国家的富人年轻。随着移动互联网突飞猛进的发展，更是造就了大量年轻富豪的出现。

如果项目的客群定位是45岁以下，家族精神可以不做重点考虑，但如果是50岁及以上，家族精神是必须打造的标签。但无论是什么样的年龄段，都需要记住的是：**豪宅在某种程度上代表了客户的世界观，是他们现阶段价值观、审美观、人生观的集合**。所以我们不能再犯"有定位而不到位"的错误，要清晰地将项目的价值标签提炼出来。

## 案例分析

### 南昌青山湖项目对客群世界观的深入描述

南昌青山湖项目对客户的描述是：

他们是"官"与"商"的结合体，他们也是社会塔尖人群，他们追求更高品质的生活，满足现在的成就感；当物质满足到极致时，他们想在精神生活上得到更高层次满足；他们用各种符号来标榜身份、地位和与众不同，他们希望用自己的影响力赢得的尊重和仰视，获得心理上的满足感；由于种种复杂的原因，他们渴望"炫富"，而又具有很强排斥不愿"露富"。

他们已经登峰归来，藏峰敛贵，心境更淡定、静雅。他们身居高位，是为国家为城市做出其贡献的人，他们是"推手"，是南昌的隐秘力量。他们待人接物更内敛、平和，行为低调，对于外界他们充满着神秘感。他们受过高等教育，有文化有知识，平时不显山露水。他们过着贵而不显、富而不骄、权而不彰的生活。

结合对南昌市场和人群的理解，青山湖项目在现代中式别墅所提供的生活方式上和棠樾、第五园有所不同：第五园代表着文化人士的价值取向，清雅高洁；棠樾则是当代商贾的价值取向：富贵和满。青山湖代表的则是权贵权富阶层：隐秘内敛。

接着操盘团队提出从两个层面去满足"隐贵阶层"的要求：

物理层面：满足他们对稀缺资源的占有——青山湖正席；满足他们享受城市繁华而又不染喧嚣——城市中心；满足他们对最高的居住方式享受——东方国粹级别墅。

精神层面：满足他们对身份匹配感——权贵之地；满足他们对自然的回归——

湖居生活；满足他们对文化的追求——中国传统建筑文化精髓；满足他们低调的作为——中国建筑的内敛与清雅。

团队最终在产品与人群之间建立了价值对接：隐贵阶层的中国式隐秘生活！考虑到在市场推广策略中，中国现代的隐贵阶层对于市场可能引起错误认识，项目为这部分客群输出一个称呼：国仕！

### （2）豪宅代表身份，是利益的平台

豪宅是身份的象征这是毋庸置疑的，但是富豪们希望他们的豪宅可以成为生意场外最有效、最直接的道具。首先，他们可以通过豪宅来提升自己的含金量，获取合作伙伴的垂青；其次，他们希望这种"择邻而居"的方式可以为他们带来更多的商机，因为他们确信"邻居将是他们最好的生意伙伴"。

我们调研发现，富人的邻里关系融洽程度远比普通社区高得多。并不是说他们喜欢走邻访友，而是他们在购买阶段要么组团购买，要么在营销的帮助下已然成为朋友。而且我们发现在销售期间客户最喜欢参加两种活动，一是客户的商业交流会，另外一个就是开发商的供应商大会。作为豪宅项目销售员也应该具备资源整合能力，如果你的潜在客户存在着产业上下游关系，让他们互相认识也是促进成交的有效手段之一。

### （3）豪宅体现品位，是修养的呈现

受中国土地制度与城市规划法规等方面的制约，中国的商品房相对匮乏定制概念，如果一旦政策法规允许，一大批有个性的豪宅会面市，因为中国富人对个人品位的追求比任何人都要强烈，这也是近年来"私人会所"涌现的主要原因。

由于豪宅产品趋同化严重，富人尽量会通过内部软硬装、庭院装修的形式来展

示自己的品位，而开发商则会抓住这个心理对样板房精心打造。

笔者在2019年对全国主要城市的豪宅进行参观学习，发现了一个规律：凡是样板房存在设备老旧、装修风格暮气沉沉、一味地贪大贪奢这三种情况的，都存在滞销现象。在这里给大家的建议是：第一，在项目销售初期就要采取措施销售样板房，切不可等待其他房子销售完毕之后再考虑样板房；第二，样板房不抵制奢华路线，但尽量以简约风格为主，要有鲜明的主题；第三，两年以上的且仍然使用的样板房要考虑内部软装的更新。

### （4）豪宅储存情感，是情怀的载体

对于第一代富豪来说，豪宅一般是他们的终极居所，因此这座房子承载着他们对下一代的寄托；对于第二代富豪来说，父辈的豪宅是他们世界观与价值观形成的地方，自己的豪宅见证了自己的成长，同样是一座有情感的住宅。

通过调研我们发现，中国富豪很少将自住型豪宅出售，除非社区管理导致该豪宅丧失了保值功能，他们希望一座见证家族兴旺的豪宅成为真正的情感港湾。这也是我们在营销过程中一味强调物业服务优越性以及邻居层次的主要原因。

作家贾冬婷在她的著作《理想的居所》中说：住宅不是机器，我们不是可被随意放置的物品。建筑师的自宅也往往有这种自觉，要重新把记忆、情感、思考、经验，放回到个人居住的空间中。墨西哥建筑师路易斯·巴拉干在获得普利兹克奖后感慨："现代建筑已然放弃了美丽、灵感、平和、宁静、私密、惊异等主要来自情感的语汇。"找回情感，建造自宅是最值得依附的方式。

读了她的书之后笔者感悟颇深：我们中国开发商建的豪宅如何将客户的情感注入其中？很显然，我们在这方面做得远远不够，笔者在众多的案例里寻找到一个叫"懋源·钓云台"的项目，也许能够为大家拓宽思路。

## 案例分析

### "懋源·钓云台"项目产品与客户情感的契合

"懋源·钓云台"项目位于北京丰台西南三环康庄东路，项目仅规划了4栋小高层106户（图5-4），2015年首次开盘时单价在8万~9.4万元之间，这个价格在当时是区域内天花板价格。

项目在打造之初，团队就对客户的情感需求做出了判断：这些豪宅业主，是一个个鲜活真实的存在，他们有着常人的情感，也有着常人没有的眼界与要求。跳脱出刻板印象，发掘这些个性需求，勾勒出他们背后的情感诉求，思考如何打造出令豪宅业主感到幸福的居所，才能让富人们心甘情愿买单。

图5-4 "懋源·钓云台"项目效果图

为了探究开发商产品与客户情感之间的契合，"中国房评报道"团队特意采访了几位业主，从业主那里得到了答案：要想让豪宅变得有情感，必须做到破除偏见。

### 偏见一：有钱人不做饭

餐厨空间的打造是钓云台产品的一大亮点，厨房、餐厅零距离，岛台的窗户设计，可以关上防止油烟，也可以打开传递菜品，与餐厅进行互动，业主A女士还经常一面看餐厅的电视，一面在厨房做饭，这里已经成为家人利用率最高的空间。

A女士的女儿此前从未踏足过厨房半步，自从搬进新家后，她也喜欢待在餐厅陪妈妈说话，或者走进厨房，打个下手。因为一个细小的设计，改变了A女士的生活，再也不用一个人默默在厨房做饭了。在这里，做饭不是一种劳作，而是一种享受。现在，她已经加入了业主群的晒美食大军，常常会把自己的成果分享给邻居们。

B先生以前也买过带开放式厨房的豪宅，但是那里往往放不下中国人习惯的圆桌。钓云台的大岛台，可以供夫妻二人便捷用餐，而当亲戚朋友团聚的时候，餐厅里可以容纳十几人的大圆桌就派上了用场。

### 偏见二：有钱人爱奢华

业主C女士选择钓云台，也是因为这里区别于看过的那些过于官邸化、过于奢华、过于强调礼序的豪宅。她直言："如果那是别人家，那么我会很喜欢。但如果是我的房子，我会觉得没有生活氛围，觉得自己一直住在别人家里。一家人生活在一起，没必要那么隔阂。"

钓云台的房屋格局是其核心竞争力之一，真正的户型方正，客厅、餐厅、厨房、书房、主卧、次卧、客卧、保姆间，配置齐全，而且没有死角，动静分区合理，动线流畅，整个空间展示出家庭生活的融合（图5-5）。

正如一位业主所说的，买房人寻找的是和开发商的价值契合点，与自己契合的房子，才会越住越喜欢。说白了，住房空间要能满足业主的情感需求。

图5-5 "懋源·钓云台"项目样板房实景

钓云台的成功之处就在于勘破这一点，并进行价值点塑造的前置。项目拿地之初，懋源就在寻找这样一群人，他们具有同等消费意愿、同等消费能力以及同等消费品类和兴趣。研究这些人的生活需求，把这些需求共性化，同时适度向前引领半步，这样形成整个项目的客户群体，以及他们的生活方式，研究这样生活方式之后，深入设计生活的场景，同时落实到房子上。

比如会所提供的宴请服务，可以帮助身份特殊的业主们招待朋友，高品质且方便、私密。物业管家随时待命，帮助业主解决问题，甚至有业主直接将家中钥匙交予物业管家保管，足见其信任。

当下市场中，不乏高价项目，不乏豪宅，但是真正能给业主提供空间和情感完美结合的项目并不多见。钓云台设计师表示："房子不单纯是商品，而是情感的载体。作为居住个体，居者需要设计师把对生活的情绪感官融入设计，实现对生活方式的期许，获得空间的惊喜。在这个千变万化的世界，人们需要一个有情感的房子，并分享它所能带来的空间故事。"

正是通过对于消费者的体察，开发商成功跳出惯性思维，给出了反套路的产品，同时更捕捉到了诸多细节，并将对业主的关怀做到极致。

（5）豪宅也是投资，是财富的延续

任何不动产都有金融属性，豪宅也不例外，尤其是中国人喜欢"自住投资两相宜"。数据表明，豪宅产品虽然增长幅度要略低于普通住宅，但是成交量比较稳健、市场抗跌能力要超过普通住宅。

以北京为例，自2019年1月开始至2020年2月，北京市二手豪宅每个月的成交量一般都保持在250套到300套之间，成交单价（均价）在8万~9.2万元之间，在成交的热门项目上依旧保持着"强者恒强"的态势：北京壹号院、山水文园、霄云路8号等知名项目是富人们的置业首选。

放眼世界，中国一线城市的顶级豪宅与伦敦、纽约等地的豪宅价格仍有一定的空间，纽约中央公园旁的"ONE57"平均售价高达50万元/平方米，伦敦海德公园的二手房均价达到35万元/平方米，而中国一线城市大部分的豪宅单价在10万~20万元，仅极少数顶级豪宅在30万元/平方米以上。

豪宅营销过程中，用增长数据说话是必要的，但是要把近年来豪宅成交的数据全部提取出来做横向对比，才能让客户明白豪宅的保值优势；但是笔者却希望大家从资源、产品、客群等方面去提升客户的价值感，取代冰冷的数据，毕竟大部分客户在购置豪宅之前对数据已经有了初步了解。

在富人眼中，豪宅不仅是房子，而是一个平台，一个生活平台，一个事业平台，甚至是一个人生平台。作为豪宅的操盘者，只有读懂了富人的内心，了解他们的"豪宅观"，才可能在产品定位时更加精准，才可能在营销工作中做到有机的融合。与其说我们在操作一个楼盘，不如说我们在为客户搭建一个个精彩的、不一样的人生平台！

# 16

## 富人阶层兴趣爱好探析

为了在营销过程中能够做出相对精准的动作，身为豪宅操盘手需要对富人阶层的兴趣爱好有充分的了解。我们将富人阶层划分为两个层次：新中产阶级和富豪。结论来源于三个方面：第一，胡润研究院发布的《2018中国新中产圈层白皮书》；第二，笔者于2012年面向富人阶层做的问卷调研；第三，2019年针对豪宅项目操盘手的访谈。

1. 新中产阶级兴趣爱好解析

由于新中产阶级在财务上相对自由，他们工作之余兴趣爱好非常广泛，本节列举16种兴趣爱好供大家参阅（图5-6）。

除法定假日以外，近半数的新中产人群每年拥有20天以上的假期。从年龄段来看，越年轻越自由，90后新中产人群享受自由生活的时间最多。

而在一线城市工作生活的新中产人群平均每年假期比其他城市少两天。忙碌的工作之余，新中产人群最为青睐的两大休闲娱乐方式是旅游（53%）和运动健身（40%）。外出旅游已成为新中产人群的常态化生活方式，长三角地区的人群相比其他地区更为热衷，比例高达65%。

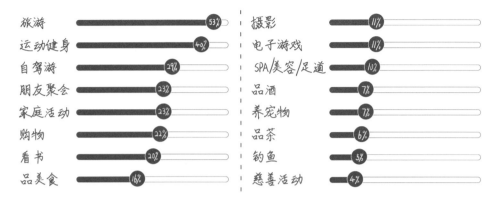

图5-6
新中产阶级兴趣爱好排名

研究发现,新中产人群重视健康及身材的管理,对运动健身保持着高热情,这已成为他们日常生活的重要组成部分。其中,90后年轻人运动健身最积极,超半数的人每周运动达到4次及以上。

从调研结果来看,相比境外旅游,新中产人群过去两年更多是在大陆境内旅游。相比80后、90后,70后中年人更愿意在大陆境内旅游。而珠三角的新中产人群基于地理位置优势及出行的便利性,选择境外旅游的比例高于其他地区。新中产人群青睐的大陆境内旅游目的地TOP3分别是西藏、云南和三亚,而日韩、东南亚、大洋洲是他们主要前往的境外旅游目的地方向。在旅游的主题上,新中产人群以休闲度假游为主,占比69%,其次是亲子/父母游(37%)。定性研究发现,每年可以和家人一起长途旅游是衡量新中产人群生活质量的具体标准,家庭旅游已经成为他们对美好生活向往的重要组成部分。

图5-6中显示的前八位基本上是新中产阶级的"刚性需求",后八位显示的是兴趣爱好的进阶,摄影、电子游戏、美容、品酒、养宠物、品茶等是生活的"非必需品",但是他们依然乐此不疲。

除此之外,新中产阶级的学习驱动性远远超出我们的想象(表5-2),他们平均每年在自我提升上花费金额高达1.9万元,其中男性1.8万元,女性2.1万元。

新中产阶级自我提升情况汇总表　　　表5-2

| 自我提升花费 | |
| --- | --- |
| 平均年开销 | 1.9万元 |
| 性别 | 男性：1.8万元　女性：2.1万元 |
| 年龄 | 90后：2.1万元　80后：2万元　70后：1.8万 |

| 自我提升的方式 | |
| --- | --- |
| 阅读：59% | 知识付费：50% |
| 参加论坛及讲座：46% | 线上课程培训：43% |

他们提升自我的途径主要有四个，排名第一的是阅读，会花费大量的时间与金钱在书籍的购买上，排名第二的是知识付费平台。这是移动互联网发展的必然趋势，这也是中国线上付费平台能够蓬勃发展的主要原因。

2. 富豪兴趣爱好解析

富豪阶层与新中产阶级的兴趣爱好有部分雷同，由于所在圈层以及财富状况不同，他们在个性偏好上存在巨大差异（图5-7）。

在运动方面，排名依次为：高端定制旅游、高尔夫、会所泳池游泳、马术、帆船和赛车。在旅游方面富豪阶层和新中产阶级是一样的，但是前者比较倾向于"人少"的精品路线；同时他们的运动方面也非常注重隐私，参加的几乎都是圈层内的活动。

在个性偏好方面，收集古董字画和读EMBA是近年来的新动向，他们认为具有收藏价值的艺术品和豪宅是传承财富的基础配置，读EMBA这一爱好显示出他们与时俱进思想的迫切性。

图5-7
富人阶层兴趣爱好

在娱乐消遣方面,我们的调研结果有些出乎意料,排名前三位的是聚餐、喝茶和阅读,这三点与普通人的娱乐消遣没有差别。

针对富太太喜欢去的地方我们也做了调研,结果发现她们常去的地方竟然是超市和购物中心,也就是说以往我们对富太太存有偏见,她们心中家庭的日常生活分量是最重的;排名第三和第四的是美容院和健身房,家庭之外她们才想到自己;排名最后的是"咖啡厅/茶室",也就是说她们最后才考虑自身的交际圈。

3. 在豪宅营销上的运用

通过以上对新中产阶级和富豪阶层兴趣爱好的分析,我们完全可以在营销过程中主动迎合他们的爱好,便于快速获得客户的认同。

笔者为大家总结了四个层面的运用(图5-8)。

(1) 推广层面

我们根据客户的兴趣爱好可以判断出客户的行为轨迹,根据行动轨迹便可了解

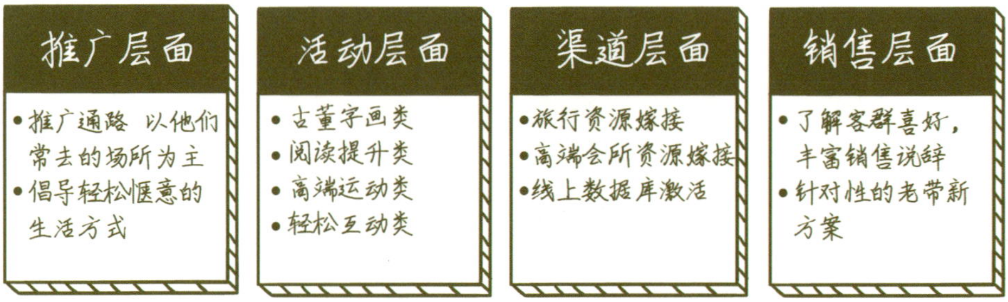

| 推广层面 | 活动层面 | 渠道层面 | 销售层面 |
|---|---|---|---|
| • 推广通路 以他们常去的场所为主<br>• 倡导轻松惬意的生活方式 | • 古董字画类<br>• 阅读提升类<br>• 高端运动类<br>• 轻松互动类 | • 旅行资源嫁接<br>• 高端会所资源嫁接<br>• 线上数据库激活 | • 了解客群喜好，丰富销售说辞<br>• 针对性的老带新方案 |

图5-8
富人兴趣爱好与营销的结合

他们的去处，经过市场调研之后，我们在圈层内的推广动作以及导客动作相对就容易得多。

另外，富人客群轻松惬意的时刻并不多，我们需要将产品价值与客户的生活紧密契合，倡导轻松惬意的生活方式。

### （2）活动层面

既然我们知道了客户的喜好，那么我们就应该按照这些信息去定制活动，以增加客户的参与度。值得说明的是，豪宅存在的意义就是"超越客户期望"，我们更加提倡操盘人员跳出这一思维框架，为客户提供既符合项目调性又超越期望的活动。但有一点需要注意的是，活动本身创新空间并不大，精细化的活动组织与安排才是打动客户的要领。

### （3）渠道层面

无论是新中产阶级还是富豪阶层尤其热衷旅行，作为渠道人员应该掌握这一重要线索，与旅行社多合作，将数据库导入到线下；其次，掌握了客户的行动轨迹之后，我们便可以通过资源嫁接的形式与各类商家洽谈合作；最后，两类群体热爱学习、热爱阅读，都在自我提升上下苦功，我们需要找到相应的线上平台，通过合作的形式将数据库激活并且将客户资源导入售楼处。

(4)销售层面

要想更好地服务客户,就得从尊重他们的兴趣爱好开始,也许你们不喜欢,但是你必须了解,这是你们与客户之间的谈资;另外,我们前文强调过"老带新"的核心是"特权",我们可以根据他们的爱好来定制"特权",这比提高转介费要有效得多。

# 创新思维 6

永远不要仰望你的客户,纵然他身价不菲;

永远都要俯视你的对手,纵然它傲立高冷!

# 17
## 豪宅客群特征与销售端应对方式

豪宅项目销售员与普通项目销售员有什么不同？有人说专业程度不同，还有人说待人接物的能力不同，甚至还有人说外形一定要突出，其实总的来说是"气场"不同！

就笔者接触的一些优秀的豪宅销售员来说，他们中的很多人超过30岁，以他们的专业素养到了别的项目做销售经理是没有问题的，但是依然深耕于销售基层，无论是谈吐还是精神面貌都在向我们传递两个字：热爱！他们的视野不只聚焦于职业发展上，而是放眼人生道路的发展；他们对待客户不卑不亢，气场强大，从来不因客户"非富即贵"而趋炎附势；他们在与客户的不断接触中寻找个人价值，获得成就感。

### 1. 豪宅销售员的特质

本书第一章在讲到"销售精细化"中强调，豪宅销售管理者要有四大思维："体验愉悦化"思维、"服务定制化"思维、"特权化"思维和"资源共享化"思维。为了能够把这四大思维有效地执行，我们的销售员应该具备哪些特质呢（图6-1）？

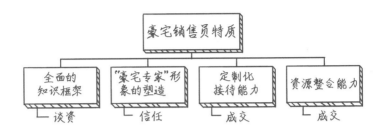

图6-1
豪宅销售员须具备的四大特质

通过我们对豪宅客群的分析可知，客群本身不仅阅历丰富还具有很强的学习能力，我们做不到面面俱到，但是需要在房地产领域成为他们真正的"顾问"，而顾问的基础就是"专业"，豪宅销售员需要具有专业且有独特视角的房地产知识（尤其是房地产投资类知识），同时还需要有财经类、休闲类、文体类、健康类、奢侈品类相关知识的储备。五年塑造一个专家。必须在朋友圈内塑造自己在房地产业内的"专家形象"，让自己成为客户信得过的伙伴。

由于豪宅项目成交周期长，客户出现的突发状况比较多，所以我们的销售员不仅要具备销售职能，更要具备服务职能，笔者更希望用"问题解决者"或"方案提供者"来形容新一代销售员。最后一个特质是我们多次提及的"资源整合能力"，一个顶级社区，开发商本身以及客户拥有庞大的社会资源和财富资源，如何将这些资源进行整合是考验豪宅销售员能力、提高成交率的内核！

综合来看这四大特质，恰好代表了从"谈资"到"建立信任感"再到"成交"的全过程。

## 2. 豪宅客群分类及应对措施

从客群的类型上来讲，豪宅客群可以分为四类：尊贵型、享受型、炫耀型和理财型。这样分类是基于客户心理的划分，但是很多豪宅客群的心理是复杂的，可能是双重心理，甚至有可能是四者兼具。

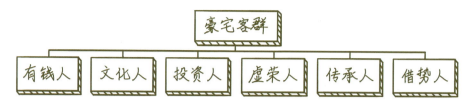

图6-2
豪宅的六大客群

笔者认为，从购房动机来划分客群更加便于销售员对客户的把握，经过研究发现，从购房动机维度来划分可以分为六类群体（图6-2）。

（1）有钱人

当然，买豪宅的肯定都是有钱人，但这里特指的是"土豪群体"，以自己的拼搏精神打拼并且在国家发展过程中得到了红利。在前几年"土豪"两个字是个中性词，而随着中国精神文明建设的深入，这个词已经趋向贬义。这部分客群的内心其实是非常空虚的，希望通过不断的学习和高端圈层的融入来提升自己的文化修养，彻底摆脱"土豪气息"。

针对此类客群的应对方法是：多谈谈社区的文化和业主的高端性。

（2）文化人

"文化人"可以分出很多类别，比如演艺圈、高校、匠人等，他们的生活水准存在巨大差异。众所周知，演艺圈名人和高校老师的收入还算不错，这部分人群肯定是豪宅的主力客群之一，但中国有很多文化界名人醉心专业领域的研究，尤其是有很多非物质文化领域的匠人虽然财富积累尚可，但对商业行为认识较浅导致自己的产业无法规模化。

针对此类客群的应对方法是：重点烘托社区的文化氛围以及文化产业商业化的话题。

### （3）投资人

中国近年来已经进入了资产优化时代，敏感的富人阶层越来越倾向于品质型资产，所以豪宅类产品成为他们的首选。这部分客群有着广阔的视野，深谙不动产投资之道，对经济政策研究相对深入，甚至有着自己独特的"投资哲学"。

这部分客群的应对更显销售员的功力，我们需要对国际经济动向对中国经济的影响有所了解，同时对国家政策、地方法规对楼市的影响了如指掌，"投资眼光"没有统一的标准，但你必须要有自己清晰的观点，不可唯唯诺诺，但也不可与客户产生对抗。

### （4）虚荣人

这部分客户有一定的经济基础，但游离于高端圈层的边缘，他们急于得到圈层人士的认可或者想通过进入圈层达到自己的目的。

针对这部分人应对措施是：重点讲社区的品质和业主构成。

### （5）传承人

第一代富豪购买豪宅送给下一代这在当今社会普遍存在，父辈希望将自己的产业、财富以及家族精神传递给下一代，这部分客户相对难以掌握，因为购买决策人过多，意见不统一。

针对该类客群我们的应对方式是：针对出资人多谈谈家族精神，通过已经成交客户的传承经历快速与客户建立信任感；针对新一代客户，我们要多谈谈产品的优越性以及购买业主的年龄层次，切忌谈父辈光环。

图6-3
豪宅不同客群的销售说辞应对

### （6）借势人

在谈到富人的"豪宅观"时我们提到"豪宅代表身份，是利益的平台"，该类群体本身就有深厚的经济基础，但迫于处于产业链的下游，所以期望通过购置一套豪宅获取更多的资源。这类客户的应对方式很简单：多和他们谈谈邻居。

我们用一张图来总结一下（图6-3）。

### 3. 富人的谈资

有些销售员在接待豪宅客群时，经常会因为"距离感"而显得无所适从，其实我们眼中的富豪与我们并没有太多的不同，根据多位一线人员的经验，我们总结了"六大谈资"，分别为"事业""财经""教育与传承""健康""休闲娱乐"和"交友"（图6-4）。

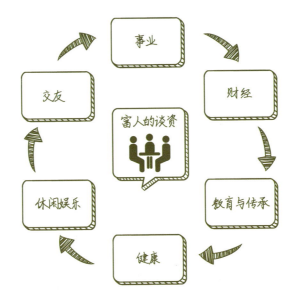

图6-4
富人的六大谈资

排在第一位的是"事业",也就是"赚钱",他们有自己独特的经营哲学,有着对世界、对社会较为深刻的见解,面对这样的客户,我们可以虚心向他们请教经营之道,聆听他们的发家史,甚至利用平台帮助他们穿针引线。

排在第二位的是"财经",他们喜欢站在世界或者国家的宏观角度看待不动产的投资以及未来的发展趋势,我们需要了解他们的喜好,拓宽自己的知识架构,便于跟他们交流。排在第三位的是"健康",他们比任何人都要关心自己和家人的身体情况和生活状态,在满足了物质生活之后,他们希望家人健康。此外,他们其实很喜欢交朋友,不过,有些富豪对朋友的要求比较苛刻,我们需要做一个"真实"的人,不要和他们玩套路,主动融入他们的圈子,"老带新"就从你们做朋友开始。

# 18 圈层营销运用手法

圈层营销是目前为止豪宅营销中最受欢迎的营销模式，它的优势是道出了豪宅营销的具体做法，那就是小众营销；然而更多的人也对圈层营销提出了质疑：难道找到高端客户就算圈层营销？为什么我们做了很多次圈层营销都没有效果？甚至还有一些销售人员抱怨：圈层如此高端，我一个小小的基层员工凭什么能够获取他们的信任？

针对众多疑问，结合自己在圈层营销中的实践与总结，笔者送三句话给大家：

（1）圈层并不能产生购买力，影响力才能产生购买力！如果圈层没有产生购买力，说明你在圈层中的影响力不够大！

（2）能够产生购买力的圈层，一定是需要经营的！从来没有不劳而获的优质圈层！

（3）圈层是可以且必须进行细分的，没有细分的圈层不是纯粹的圈层！

## 1. 打破圈层壁垒

为什么说圈层营销难度很大？因为圈层本身存在着坚固的壁垒，导致不仅进入圈层的难度大，维护圈层的难度更大。美国硅谷著名投资人、《富人思维》的作者贾

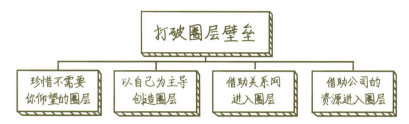

图6-5
打破圈层壁垒的四种方法

森卡拉卡尼斯在书中说道：重要的人物都能关掉他们的手机，因为其他人都可以等他们，不重要的人才需要时刻注意自己的手机，因为他们总是生活在别人的控制之中。也就是说，除事关自己利益问题外，富人在大多数时候是被动的，他们习惯了站在一定的高度去俯视他人。

那么，如何打破"圈层壁垒"呢？笔者为大家提供四种方法（图6-5）。

（1）珍惜不需要你仰望的圈层

每一个人的圈层都是立体的，有比自己高的圈层也有比自己低的圈层，当然更多的则是与自己财富水平持平的圈层。我们需要时刻保持对身边现有圈层的维护，毕竟，"六度分隔理论"告诉我们：我们与世界上任何一个陌生人之间所隔的人不会超过5个。

（2）以自己为主导创造圈层

很多营销人有一个误区：圈层营销是公司的事，与我无关！公司的确有责任为你创造好的平台，但完成业绩却是自己的事，所以我们应该成为自我驱动型销售人才，多与圈层人士联系并互动，最终融入圈层成为有影响力的人。

笔者曾经应邀参加一个朋友的聚会，当我到达晚宴现场与大家交换名片时惊讶地发现，这个聚会上不仅有两位副厅级领导，还有地方商界大佬，应该说算是一个规格很高的宴会了，但随着大家逐渐熟悉，我竟然发现这个聚会的组织者是一名拥有8年地产经验的销售员。我非常佩服这位组织者的整合能力,问她是如何做到的,她说:他们有的是我的朋友,有的是我的客户,虽然职业与职务都不一样,但是到了这里没有高低贵贱之分。人际关系已经很复杂了,我不希望再和他们玩套路,以诚相待每一个人,就是这么简单!

我们不要以为自己成不了圈层的核心,当一个圈层由你来开创时,这个圈层最有影响力的人就是你!当然,前提是以诚相待,正如《文中子·礼乐》告诫我们:以利相交,利尽则散;以势相交,势去则倾;以权相交,权失则弃;以情相交,情逝人伤;唯以心相交,淡泊明志,友不失矣。

(3)借助关系网进入圈层

借助关系网是进入圈层的捷径,但是进入之后如何做好维护就是难点工作了,所以"服务"将是一把有效的钥匙。笔者以前的团队中有一位置业顾问,她有一次接待了一位姓孙的老总,虽然孙总最终没有购买房子,但是该置业顾问通过网络得知孙总竟然是该市工商联的副会长,职业敏感告诉她这是一位大客户。在接下来的日子里,她几次想拜访孙总但均遭到了拒绝,后来她偶然听到一位已成交的老客户提到孙总,于是在老客户的引荐下成功拜访了孙总。从此之后,只要售楼处有什么新的礼品了,她总是要留一份亲自送给孙总,如果遇到节假日售楼处没有预备礼品,她也会自掏腰包买一份送去。孙总其实很明白她的意图,但依然被她的执着精神所感动,在他的引荐下,一年之内置业顾问成功打入了十几个圈层,销售了84套房子,金额接近3亿元。

(4)借助公司资源进入圈层

公司最大的资源就是品牌,笔者多次提到豪宅项目自创圈层的重要性,这会给销售和渠道一线人员创造极大的便利。另外,为圈层定制活动也是借助公司资源的一种,但这里有两个注意点,第一,不要妄图通过一场圈层活动就会产生成交,圈层的黏性是长期工作;第二,每一次圈层活动之后销售员要对主要领导进行陌拜,唯有持续的跟进才能摸清客户的真实意向。

2. 圈层客户与接触方式的细分

都说圈层营销是精准营销的一种,那么什么又是精准营销呢?如果按互联网思维去判断,精准营销的基础是基于客户消费行为研究的大数据,而房地产作为大宗商品仅仅依靠大数据是不够的,线下层面的精准营销其实就是找到精准的客户然后再与精准的接触方式相结合。既然提到精准,那就必须将客户与接触方式进行细分(表6-1与表6-2):

客户的分级与具体特征　　　　　　　　　　　表6-1

| 客户类别 | 具体特征 |
| --- | --- |
| A类客户 | 在行业和圈层内很有影响力和话语权,对开发商品牌充分认可,对产品具有追随性 |
| B类客户 | 在行业和圈层内比较有影响力和话语权,并对项目区域认可,或对品牌认知一般,通过品牌落地教育可提升认知的潜在客户 |
| C类客户 | 近期内具有置业计划,但购买意向与项目产品不够完全吻合 |
| D类客户 | 近期无购买意愿,但具有口碑宣传相关个人、企业,如报社、汽车4S店、银行、高档酒店、经纪门店等 |

各类接触方式分类　　　　　　　　　　表6-2

| 接触方式类别 | 具体描述 |
|---|---|
| A类接触方式 | 集中财富圈层定制体验式活动、通过老带新、饭局、专属活动并与客户交朋友等口碑传播渠道 |
| B类接触方式 | 商业圈层（产业商会、同乡等）专场活动 |
| C类接触方式 | 乡镇、企业及各类VIP专场活动 |
| D类接触方式 | 场所圈层（五星级酒店、高档车4S店、高级茶楼、农庄等） |
| E类接触方式 | 定点投放、上门拜访 |
| F类接触方式 | 传统推广渠道（报纸、电视、电台、网络、户外、短信等） |

通过以上两个表格我们可以得出结论，**所谓的精准营销其实就是"A类客户+A类接触方式"**。值得说明的是，我们把"接触方式"进行了细分，并不意味着A类以下的接触方式就是无效的，通过不断的接触与培养，客户可能从C类上升为A类，届时应使用对应的接触方式。

### 3. 圈层的细分

要想做圈层营销，首先得知道圈层在哪里！这是长期困扰大家的一个问题，其实只要将圈层进行细分很快就会找到答案。

一说到圈层，大家脑海里立马会浮现出三个字：有钱人！笔者认为这是狭义的圈层，广义的圈层大到一个国家、一个城市、一个阶层，比如我们前文提到的新中产阶级就属于一个圈层。出于这样的考虑，我们可以先粗略地将圈层进行划分（图6-6）。

亲友是最常见、最普遍的社会关系，每一位基层销售人员和渠道人员都要从身边的人入手寻求更多的人际资源，扩大交际圈，逐一拜访，邀约他们及其朋友来售楼处看房或参与相关活动。既然是亲戚或朋友，那么你可以很快就找到"领袖人物"。

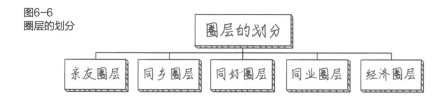

图6-6
圈层的划分

我们对老乡都有着一种特殊且微妙的感情,在一座新城市里,我们寻找老乡的途径还是很多的,有些老乡通过自身奋斗已经创造了属于自己的一番事业,他的威望自然在老乡圈子里得以巩固。

"同好"指的是拥有相同的志趣和爱好,我们可以通过社群营销,并且尽可能多地参与他们的活动,这样可以结交到很多志趣相投的人。

按行业类别划分,我们可以找到很多行业圈层,其"领袖人物"更加容易寻找,如建筑行业协会、餐饮协会、教育专家、医疗专家等,同业圈层的客户质量较高。

经济圈层指的是具有较强经济实力的人组成的圈子,这些人也许是游艇俱乐部成员,也许是企业家协会会员,也许是工商联的理事会员,也许是金融行业的佼佼者,他们每一个人都可能是"领袖人物"。

对于非豪宅项目来说,深耕好前四个圈层基本可以满足项目所需要的客户量,记住,前提是"深耕"!对于豪宅项目来说,经济圈层是我们的主攻目标。

当我们分析好项目的客群定位之后,我们的脑海里已经知晓大概需要什么样的圈层,下一步的工作是将圈层进行精细化划分,划分的原则是:

(1)优先划分出进入门槛较低的圈层;

(2)其次划分出公司员工身边的圈层;

(3)再次划分出与公司有合作关系的圈层;

(4)再次划分出可以被快速整合与使用的圈层;

(5)最后划分出对项目有利但是进入门槛较高的圈层。

比如公司开发的老社区、与本公司有过合作关系的组织属于门槛很低的圈层,公司的供应商、合作方也属于难度较轻的圈层;高端俱乐部、特斯拉车友会等没有合作过的圈层可以最后考虑。

当我们将这些圈层细分之后，我们便可以针对性地开展工作了，为了便于将这部分内容阐述深入，笔者以一个案例来进行剖析——

### 一个远郊轻豪宅的圈层营销之道

碧螺湾项目坐落于苏州太湖度假区核心位置，总建筑面积10万平方米，容积率仅0.8，由402套叠加别墅和联排别墅组成，其中一期267套，总货值10.03亿元（图6-7）。

叠加别墅的总价为310万～370万元之间，联排别墅在550万～900万元之间，周边类似的竞品虽然不多，但是该项目一开始就面临了三大难题：①项目所在板块并非热门板块，虽然到市区车程不长，但在多数人心中这是一个"远郊"的概念；②销售时间短，公司仅给项目操盘团队2个月时间，但是业绩压力很重，必须达到8亿元以上的业绩；③营销费用太低，除去项目设施建设费、售楼处运营费、团队佣金和奖金、第三方公司固定成本之外，能够用于推广和拓客的费用仅0.8%左右。

三座大山压在操盘团队身上，团队一筹莫展……经过深思熟虑，操盘团队同时也发现了项目的三大独特的优势：①项目开发商在该板块深耕了近10年，拥有大量的"老客户"资源、政府资源、供应商资源、文化艺术类资源等；②项目的产品力尤其是景观感染力非常强，超过了周边任何一个项目，使得项目具有超强的性价比；③与普通销售团队不同，该项目销售团队具有一定的"自拓"能力，且很多置业顾问身上自带"资源"。

图6-7
碧螺湾项目效果图

于是,"圈层营销"这四个字闪耀而出,操盘团队提出了16字营销总纲:线上短爆、并行不悖、精准圈层、提升成交。"圈层营销",谈何容易!我们都知道,圈层营销是需要长时间开拓、跟进、培养的,短短的2个月时间怎么样才能支撑起8亿元以上的销售额?

首先操盘团队根据团队与公司的自身特点以及竞品客户地图的分析,首次提出了圈层细分概念,他们将客户分为十大圈层:

圈层一:集团内部所有经理级及以上员工;

圈层二:区域公司所有的供应商资源;

圈层三:苏州公司近4000户老业主资源;

圈层四:项目置业顾问自带的200多个转介人资源;

圈层五:文化艺术类圈层资源(公司以前积累的资源);

圈层六:商会、EMBA资源;

圈层七:政府及事业单位类圈层资源;

圈层八:项目周边农家乐、核雕市场资源;

圈层九:代理公司的高端客户资源、内部员工资源和中介门店资源;

圈层十:尽可能多地寻找"湖居合伙人"。

对于很多人来说,"圈层"都是让他们去仰望的。这其实是圈层营销中最大的一个障碍,更可气的是,这个障碍都是我们自己给自己设置的!作为房地产人士,其实掌握的是这个城市中最核心、最高端的资源,没有哪个组织的资源比购房者尤其是购买"豪宅"的客户更优质了,基于这样有底气的考虑,碧螺湾操盘团队提出了"三大进入原则":同道原则、同心原则与同享原则。由于营销费用太少,团队提出了"不强行进入任何一个高傲的圈层",但设置了一个终极大礼包,作为对巨大贡献者的奖励。

"圈层营销"本是一种虚无缥缈的营销方式,但是作为地产人,应该将圈层营销当作是渠道营销的其中一个动作,因此,开展圈层营销贵在执行力。碧螺湾项目操盘团队在划定了10大圈层之后,立马提炼出了每个圈层的"5大要素"(图6-8)。

此外项目还运用了圈层营销从细分圈层到客户导入的四大手段(图6-9)。

功夫不负有心人,碧螺湾团队在短短的2个月时间内,完成了销售指标,这在逆市中是一个值得称赞的业绩,同时该项目使用的"圈层营销"手法尤其是执行细节为我们树立了典范。

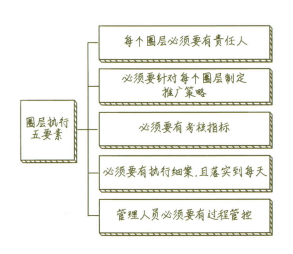

图6-8
项目圈层执行五要素

| 划定圈层手段 | 圈层经营手段 | 接触圈层手段 | 客户导入手段 |
|---|---|---|---|
| ·根据项目资源特点细分可用且有效的圈层<br>·和愿意同行的人一起做事业 | ·多频次的奖励、健全的奖励政策<br>·奖励兑现及时<br>·行动方案落实到人，且有标准化动作 | ·运用多个道具，立体式将信息传递到位<br>·拒绝无效且高高在上的圈层 | ·家宴是重要的导客道具<br>·多频次暖场活动，但是要和特定的圈层进行融入 |

图6-9
项目圈层营销的四大手段

圈层营销并不是一种营销方式，更是一种思维体系；不是一种狭隘的拓客方式，更是一种广义的营销整合模式。希望这一案例能够给业内广大同仁带来一些启迪。

最后我们用一张图来总结一下圈层营销，它一共可以分为6大步骤和24个执行要点（图6-10）。

图6-10
圈层营销的六大步骤

# 创新思维 7

不要以为豪宅客户唯我独尊、难以引导,

当你抓住了"痛点"之后,

他会爱上项目,而且成为你的"粉丝"!

# 19 / 需求与痛点的区别

曾经有一位豪宅操盘手说：什么是豪宅？豪宅就是可以满足甚至超越客户所有居住需求的完美空间！乍一听，这话说得非常到位且高屋建瓴，但细细想来还是值得推敲的：既然能够满足客户的所有居住需求，那么他为什么不买？或者说，为什么成交周期会这么长？单纯地是因为贵吗？

所以笔者认为尽管豪宅可以为客户带来无限想象，尽管它能给客户带来顶级感受，但它从来不是完美的，更不能说明它可以满足客户所有的居住需求，它和刚需项目一样，存在购买痛点问题。

客户的需求是指客户的目标、需要、愿望和期望。在学术上，客户的需求被分为五个类别（图7-1）。

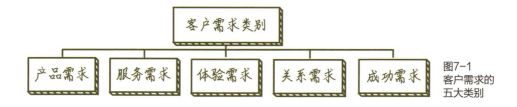

图7-1 客户需求的五大类别

### （1）产品需求

类似于人的基本需求衣食住行一样，客户的基本需求与产品有关，包括产品的功能、性能、质量以及产品的价格。一般的客户都希望以较低的价格获得高性能、高质量的产品，并且认为这是最基本的要求。

### （2）服务需求

随着人们购买力的增强，客户的需求也水涨船高。人们在选择商品时不再仅仅关注产品，同时还关注产品的售后服务，包括送货上门、安装、调试、培训及维修、退货等服务保证。

### （3）体验需求

社会从工业经济、服务经济时代步入体验经济时代，客户不愿意仅仅被动地接受服务商的广告宣传，而是希望先对产品做一番"体验"，转为主动地参与产品的规划、设计、方案的确定，体验创意、设计、决策等过程。

### （4）关系需求

客户获得了社会的信任、尊重、认同的同时有一种情感上的满足感；在需要或面临困难时，会得到朋友的帮助和关怀；可以与朋友共同分享和交换信息、知识、资源、思想、关系、快乐等。

### （5）成功需求

获得成功是每一个客户的目标，是客户最高级的需求。客户购买产品或服务，都是从属于这一需求的。服务商不能只看见客户的产品及服务需求，更重要的是，要能识别和把握客户内在的、高层次的需求。

通过以上介绍我们可以发现，豪宅产品作为一个城市甚至是一个国家的稀缺产品，的确可以满足客户的这五项需求，但作为营销人千万不能忽略两点：第一，豪宅的产品同质化严重，当每一个豪宅项目都可以满足客户需求的时候，需求便不再是优势，而是门槛；第二，富人阶层的需求其实是动态的，因为他们花费了更多的代价，所以当他发现别的产品可以带来另外一种感受时，他对你的项目又会提出新的需求，而客户纠结的过程无疑拉长了成交周期。

因此，豪宅项目的营销人员尤其是一线销售人员务必要懂得从客户的痛点入手来解决上述两个问题。

什么是痛点？所谓痛点就是用户最痛的需求点，也是一个产品满足用户诸多需求中最痛的那一根针。当用户在使用产品或服务的时候抱怨、不满的、让人感到痛苦的接触点就是痛点。产品或服务只有抓住用户最痛的那一根针，才有引爆的可能。

试想一下，当一个客户需要购买一套房子，他正在为孩子准备一套学区房，这便是他的需求。于是他会走遍很多售楼处去寻找合适的房子，而作为销售员也会在沟通中得知客户的需求。但是我们再深入想一下：所有人都知道他的需求了，你的竞争优势在哪里？另外，他的需求真的仅仅是购买学区房吗？有经验的销售人员就会寻找客户的痛点：他的孩子还有几年上学？项目交付之后需要180天才能办好产权证，那个时候再上学会不会晚了些？客户最烦的就是托关系，我们能不能帮助他解决这些烦恼？这些才是痛点，才是客户的真实需求，解决了这些问题哪怕你的房子有瑕疵，但他依然会选择你。

笔者曾经受邀去参观一栋联排别墅，该房子的主人是某银行分行的行长，房子装修没有太多亮点，但是我发现，该栋别墅包含地下两层一共五层，每一层都设置了茶室，我问其原因，行长回答：我以前也住一栋小别墅，但发现每次想喝水的时候总是要跑到一楼厨房去，我这个年纪还行，但是家里的老人跑上跑下太不安全，我在装修这套房子的时候干脆每层都做了茶室。

这样独特的设计估计全国少见，同时也引起我们的思考：我们真的懂客户吗？我们所了解的所谓"客户需求"恐怕大多数浮于表面吧。

那么，怎么样提升我们的"痛点思维"，更好地服务于客户呢？我们先来看一个模型（图7-2）。

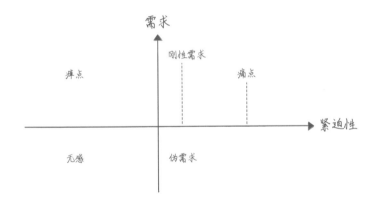

图7-2
痛点的产生模型

图7-2横坐标代表客户对产品需要的紧迫性，纵坐标代表客户的需求，由图可知，当客户对某一件产品的需求达到紧迫感的时候才会产生痛点，此时客户的付费意愿就会变大。

作为豪宅产品，客户的需求程度远不及刚需项目，如果在紧迫性上面我们再毫无建树，那么客户只会产生"痒点"，购买意愿降低，成了很多人口中的"可买可不买"。

虽然在营销层面很难提升客户的需求，但基于对营销精细化思维的尊重，同时提升案场的客户转化率，笔者建议从以下五个步骤来完善"痛点思维"（图7-3）。

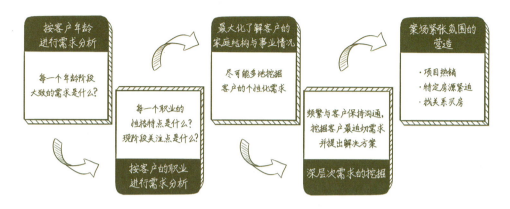

图7-3
"痛点思维"形成的五个步骤

这五个步骤实施起来不是难事，我们不再赘述，为了便于快速挖掘客户的痛点，我们建议大家采用"五问"模式——

第一问：您想购买多大面积的房子？（框定具体产品）。

第二问：您购房的主要原因是什么？（试探购房需求）。

第三问：看完房子之后您觉得可以满足您的需求吗？（挖掘深层次需求）。

第四问：客户若回答"还可以"，这说明他的需求依然没有被挖掘出来，你继续问："很多客户都对我们的房子感到非常满意，您说还可以说明还没有百分百满意，那您还有哪些顾虑？说出来，我很乐意为您解答。"（鼓励客户）。

第五问：我知道花这么多钱买套房子是件大事，在很多人眼中这只是房子，但是对于我们来说卖的是"解决方案"，这也是我们最大的价值所在，如果在您思考过程中有任何疑问，请跟我联系，作为您的专属置业顾问，这是我的职责，不是吗？（体现服务的持续性）。

在大多数的反问中，客户给出的都是模拟两可的回答，这是很正常的现象，根据我们的经验，很多豪宅的客户根本对自己的需求不清晰，只有反复地提问、持续性的服务才能挖掘出客户的痛点；反过来想，客户有疑问是好事，这为下一次邀约或拜访创造了条件。

还有一点需要注意的是，客户不愿意说出痛点的原因是"不敢想"，因此我们要不断地输出已购客户的故事给客户，比如客户的需求是"社区的私密性"，其实痛点是"朋友来了有面子，仇人来了能挡住"；客户的需求是"彰显身份"，其实痛点是"能和哪个知名富豪或政客为邻"；客户需求是"三代同堂"，其实痛点是"能提供照顾老人的服务"等，这些故事或卖点要在交流中不断输出。

# 20
## 客户需求的引导策略

豪宅的最大魅力在于为客户提供了未知需求，而优秀的豪宅项目则是让这些未知需求给客户带来惊喜。而豪宅销售员则需要将这些未知需求有效地传递给客户，这就需要我们掌握一定的需要引导策略。

那我们的引导方式是什么呢？还记得本书在"创新思维五"中提到的富豪阶层最关注的四个要点吧？意义、美感、生命状态和真认同。其中"真认同"很难在营销层面予以满足，但是前三个要素我们是可以做到的，而这三个要素正是我们对客户需求引导的核心方针。

但我们同时发现，上述三个要素必须有产品的支撑和策略的加持，也就是说这些都是需要客户体验得来的，缺乏了体验，引导客户需求就是伪命题。

为了让一线销售人员能够更好地掌握需求的引导方式，笔者总结了五大步骤供大家参阅（图7-4）。

### （1）具有排他性核心价值的提炼

关于豪宅的排他性形象塑造问题，本书在"创新思维四"中已经进行了深入介绍，由于豪宅客户需求存在不确定性和不稳定性，我们在做产品定位时一方面要研

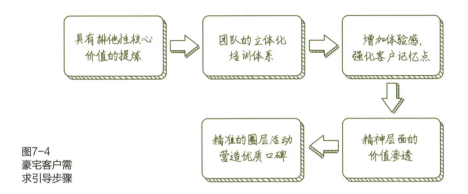

图7-4
豪宅客户需
求引导步骤

究客户的需求,但为了让产品更富竞争力,大多数的时候我们更要超越客户的期望,然后再通过战略制定、形象包装等手法提炼出既有排他性又符合客户审美的新的生活主张。

(2)团队的立体化培训体系

豪宅项目的培训除了系统化、多元化、高强度之外,千万不可忽视对体验方面的培训,因为我们的目的就是让客户有好的体验,只有一线销售人员感同身受,才能更好地介绍给客户。业内曾经有一个培训标准:当置业顾问忍不住想买一套的时候,就是培训成功的时候。

(3)增加体验感,强化客户记忆点

根据客户在参观全流线中的关注度,针对重点环节加大刺激力度,最终形成多个记忆点,强化客户对项目氛围的感知。比如客户进门之前的仪式感、沙盘讲解时感受到的气场、样板区园林带看时的故事化带入、样板房讲解时的惊喜亮点或设计师观点等,通过多次记忆点的强化让客户感知项目的与众不同。

除销售专业接待外,案场内包括礼宾、客服均以高标准要求,让团队形成统一的豪宅印记,从而在接待过程中对客户的豪宅感知进行潜意识渗透。

### （4）精神层面的价值渗透

为销售员讲解动线设置定点讲解，在客户听说辞过程中植入最佳视角与触觉感受，为说辞的每一个价值点寻求视觉、触觉的最佳切入点，从而最大化放大项目价值，并有效规避抗性。

这一步是需求引导的核心，也是展示本项目生活理念的最佳出口，讲解全程都要围绕设计师理念、生活意义等维度进行升华。

### （5）精准的圈层活动，营造优质口碑

仅一个人认可你输出的需求不算真正的成功，我们需要不断地在客户的圈层内造势，获取更多人的认可和青睐，形成优质的圈层口碑，这将会为成交助力。

为了更好地诠释这五大步骤的运用，笔者以华润深圳湾悦府项目为例展开陈述——

#### 华润深圳湾悦府的需求引导战术

华润深圳湾悦府项目是深圳的老牌豪宅项目之一，规划了仅292户豪宅（图7-5），项目入市时正值深圳百花齐放的豪宅时代，在区域内它有三个强有力的对手：深圳湾1号、曦湾天馥和恒裕滨城。区域外的竞品更多了：招商双玺、中心天元、新天鹅堡等。

无论是区域内还是区域外，这个项目的产品设计并不是最优的，装修品牌也谈不上多大的竞争力，但是这个项目在2015年实现了开盘3小时销售111套、总销售额42亿元的

图7-5
华润深圳湾悦府外立面

惊人业绩,创豪宅史上开盘套数与单价双高的新纪录!这与世联团队在"红海"竞争中提出的差异化竞争有密切关系,而客户需求的有效引导是差异化竞争的实现载体。

**1. 项目差异化战略提出**

操盘团队敏锐地发现:当市场竞争项目的产品已将"奢居"做到极致而无从超越,当竞品已抢占湾区及豪宅的符号标签,而客户在传统层面及物质层面的需求就无法被满足。项目的策略需要另辟蹊径——

一场关于"豪宅"到"好宅"的重新定义:由贵及雅。

一次引领城市审美导向的变革运动:留白与匠心。

一个新型财富圈层未被满足的需求:美学与品味。

团队指出,所谓"顶级豪宅"不应当只是一个物质堆砌的"财富标签",而应该是回归生活本质及自我内心富足的"生命的真正居所"!

通过操盘团队前期对目标客群偏好的描摹,在客户的居住需求之上探寻客户精神需求,为综合体各业态注入精神核心,打造国际化的综合体生活方式,而这种生活不是奢华的,而是"自然的、健康的、艺术的、人文的"。

在室内设计上,通过世联团队前期对目标客群的精准把握,归纳出"空杯心态"

及"回归本真"的理念,由此与开发商达成高度共识,在现代国际化之上注入东方美学的审美意向。如项目整体设计理念是"回归本真的生活美学",以留白体现对居者美学品位的尊重,更注重水墨精神的现代东方美学以及朦胧式意境化的空间交流;对于美学的设计,要求像对待奢侈品、艺术品一样考究室内设计;关于材质的研磨,提出要对材质的极致打磨去展现温润如玉的完美品质细节。

鉴于以上的思考,团队提出"不讲尺度、功能与价格,而谈美学、理念、文化与艺术;不聊数据、规模与级别,而道生活、感受、五觉与故事"。

### 2. 高强度、体验化的培训体系

项目在培训方面有两大亮点,第一,项目进行了系统化、细致化、多元化的培训(图7-6),最大化提升顶豪营销的专业度,务必做到与客户平等交流;第二,体验式培训,从客户角度亲身体验综合体生活方式,为此他们到深圳湾公园骑行、慢跑,到木棉花酒店品尝私宴,观赏城市被点亮的天际线;和设计师一起到园林和样

图7-6
华润悦府销售员培训体系及要求

板间,亲身感受材质的打磨。

### 3. 客户记忆点的精心设置

从电话接听服务岗到VIP深度洽谈,项目一共设置了12个区域,提炼了5个客户记忆点,实现了客户从视觉、行为感知价值到理念感知价值再到亲身体验价值的层层递进式策略(图7-7)。

### 4. "走心"的价值渗透

首先,营销管理者准备了1万字的销售讲义,凝结了项目产品故事以及开发商的情怀故事,倡导销售员尽量用场景化的语言输出给客户。

其次,在样板房内设置了多个重点讲解点,鼓励客户去触摸材质的肌理与温度,通过听觉、视觉和触觉给予客户极致的感受,实现价值渗透。

再次,为了提高项目的价值深度,企划团队规划了"生活美学"和"匠心日记"两个栏目通过朋友圈传播。

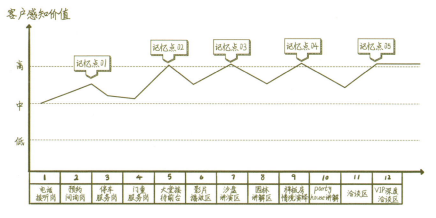

图7-7
华润悦府12个区域及5大记忆点设置

最重要的是，他们在操盘策略上不断地营造期待，通过五个阶段层层递进的形式将价值逐步深入客户的感知——

第一步：制造期待。售楼处开发同步举办发布会，以综合体生活方式为主题进行差异化策略，输出产品价值，形成独特的差异化营销，打动客户触点。

第二步：初步感知。样板房未开放前，以同一设计师作品——营销中心作为样板展示，让客户初步感知东方审美。

第三步：推介洗脑。撰写包括生活演绎版、写实版、LIFE IS版、私宴版、国际范等七版项目推介PPT，并由项目营销负责人进行推介，强化客户记忆。

第四步：加强期待。样板房开放前举办设计师分享沙龙，邀约圈层人士诚意客户出席，从艺术理念角度出发讲解室内设计，提升客户对样板间的期待感和圈层内美誉度。

第五步：渗透价值。借助样板区与样板房开放，邀请前期诚意客户进行参观，让客户直面感受项目居住氛围、深圳湾景观等，二次渗透产品价值。

**5．圈层活动落地，实现需求转化**

悦府不盲目仿效其他高端项目，以目标客户群的兴趣偏好为最终导向，通过前期深访高端潜力客户，以悦府目标客群分类来定制活动主题，最终定制以人文、艺术、健康、投资为主题的悦府客户专属圈层活动。

一个生长在"红海"中的豪宅，以差异化策略为出发点，塑造出了一个超越竞品的形象，提炼出了更为具象的、超出客户期望的价值策略，并且通过各个维度完成了客户需求的引导。通读策略，我们可以发现项目操盘团队具有很强的全局意识，把生活意义、美感、生命状态三个富人最看重的要素有机地融合在销售中，成为同行业模仿的标杆！

# 创新思维 8

比奢侈品更贵重的是"定制品",
遗憾的是,

豪宅产品定制难度重重,但服务
可以定制!

# 21
## 豪宅服务营销操作要点

服务营销是费用最少的营销方式，尤其在豪宅营销中体现得淋漓尽致。美国学者雷奇汉及其团队在调研了14个行业之后得出结论：企业忠诚客户每增长5%，其利润的增加能保持在25%～95%的水平上。

尽管如此，放眼全国，在服务方面做得突出的开发企业并不多，很多企业所谓的"服务"仅停留在销售阶段，一旦销售结束社区移交给物业公司之后业主的内心形成强烈反差。为什么中国人对服务的满意度这么低？笔者认为，急功近利是众多豪宅项目服务营销失败的主要原因，我们错误地认为大部分的服务是额外的，公司根本没有将服务常态化和体系化。

除此之外，由于我们服务做得不到位，抑或是房地产大宗商品的属性所在，我们身边出现了大量的"虚假忠诚"客户，导致我们在"老带新"方面困难重重。什么是"虚假忠诚"？"客户关系管理学"中对此有清晰的表达（图8-1）。

当垄断被打破时，一些客户会转向其他的企业，垄断忠诚将不再存在；当客户克服了自身的惰性、改变习惯，惰性忠诚也不复存在；当市场上出现更为方便的供应商或者更为满意的目标之后，方便忠诚就会随之减弱，甚至消失；当客户发现价格更低的企业之后，价格忠诚也会减弱直至消失；如果有其他企业提供更好的奖励

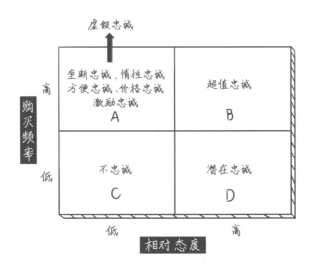

图8-1
客户忠诚的分类

计划，激励忠诚也会减弱或消失。垄断忠诚、惰性忠诚、方便忠诚、价格忠诚和激励忠诚都具有不稳定性。

潜在忠诚是情感上的依恋，但还没有重复购买行为，这些客户尽管没有购买，但是会帮助企业宣传产品、扩大影响，对企业而言，潜在忠诚的客户尚不能带来高收益。

超值忠诚的客户不仅具有重复购买行为，且在情感上也高度依恋企业，这些客户不仅给企业带来丰厚的收入，同时也会帮助企业进行宣传；由于情感上的依恋，这些客户也不易受到竞争对手的影响。

塑造超值忠诚客户的唯一办法就是持续地维护客户，杜绝急功近利的心态，不断地提供超越客户期望的产品或服务。

为了解决这个问题，笔者首先想谈一个服务战略问题，营销层面的豪宅服务体系分为售前阶段、售中阶段和售后阶段，每一个阶段都有多个工作细项：

售前阶段：构建营销服务团队、豪宅服务人员行为规范、营销服务团队的形象包装、案场服务人员岗位编制与职责、创造豪宅营销情境系统、样板区组团的规划、营销动线的设置、案场氛围的包装与营造、样板间的情境营造、营销道具的精心准备、销售业务手册的编制和物业服务公司的筛选。

售中阶段：项目预约参观行为规范、置业顾问电话规范、置业顾问接待行为规范（含标准流程和礼仪规范）、销售说辞的规范与统一、高端客户档案分类管理、高端客户的多重维护渠道、营销案场品质巡查与规范、入住工作的筹备与办理和项目特别营销增值服务。

售后服务主要包括五大类：安保服务、礼宾接待服务、生活服务、社区氛围营造以及会所的定位与运营。其中生活服务包括陪同就诊服务、旅行签证代办服务、亲友接待服务、租赁代理服务、出行护送服务、停车场护送服务、名厨送达服务、特需品配送服务等；社区氛围营造包括物业客服人员规范礼仪、司机规范礼节、家政服务规范礼仪等。

豪宅操盘手切忌不可在销售遭遇阻碍了才想到客户服务，而是首先要打造项目专属的服务体系，让营销系统里流淌着服务的血液，然后再将服务贯穿到每一个细节中去，让客户在潜移默化中感知服务的价值。

解决了战略问题之后，我们再来分析如何从营销层面不断增加客户黏合度，从而为销售带来帮助。笔者认为，营销层面的客户管理应该从7个方面入手（图8-2）。

（1）客户服务标准化

为了让我们的服务不显得突兀，我们需要把服务常态化，最好将客户的维护与暖场活动联系在一起，集团公司应该由品牌中心或客服中心牵头与全国各个项目进行联动。

我们建议按照客户的年龄层次划分，以每个月或每个季度为周期，建立标准化的服务体系。如针对孩子群体，可以借助国家"文化自信"的势头组织少儿国学堂，每到寒暑假可以组织夏令营或冬令营活动；针对中老年群体，可以定期做健康类、理财类的服务；针对富太太群体，可以做美容、塑形方面的服务。

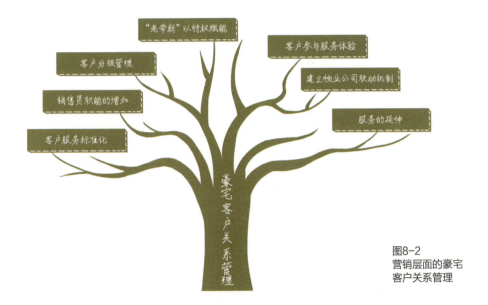

图8-2
营销层面的豪宅
客户关系管理

### （2）销售员职能的增加

大客户经理接待模式是豪宅营销的特有模式，要求销售员除了销售职能外再增加服务职能，在这一模式下，销售团队的组织框架有所改变，即在基层销售员之上销售经理之下再设置一个"大客户经理"岗位（或者叫资深销售员）。大客户经理除了具备优秀的专业素养，还要有广博的知识，精通高端礼仪和商务洽谈，并且可以起到协调其他服务部门的作用。值得注意的是，要划分好基层销售员移交给大客户经理的条件，比如当了解到客户至少20条信息之后可以移交，以便于大客户经理可以快速了解客户情况。

### （3）客户分级管理

客户分级管理非常考验营销管理者的精细化管理水平，它需要我们对业主、已购客户、潜在客户进行精细化的分级，公司要出台制度，要求销售人员针对不同级别的客户进行标准化的维护，并且考核其"老带新"的带访量和成交量。

### （4）"老带新"以特权赋能

在豪宅的"老带新"中，最忌讳的是"只奖励老客户不奖励新客户"，我们在操盘过程中还发现，档次越高的项目老客户越对转介佣金无感，加之客户不属于公司体系内的员工，我们无法在制度上形成制约，所以"特权"将会成为"老带新"的有效利器。

当我们销售遇阻时，很多人习惯性地将"老带新"的转介佣金上调，试图刺激老客户的转介热情，但事实证明这样做效果并不明显。因为豪宅客户的转介痛点并不在佣金上，而是在你的服务上。关于"特权"问题本书在"创新思维一"的第四节中已经阐述，这里不再赘述。

### （5）客户参与服务体验

所有的服务都是体验而来的，所以我们一定要在销售期间发动业主为项目的服务方案进言献计，这不仅可以促进销售，还可以为社区交付之后给物业公司的工作提供便利。

如北京懋源地产在2017年开展了一次有趣的客户回访活动，通过一场业主意见领袖的答谢夜宴，聘请部分业主为"懋源地产生活居住体验官"。虽然当时懋源钓云台项目入住率已达到50%，从产品、物业服务、会所、懋源会业主平台等社区配套服务已经进入正常运营。但项目依然处于销售期，此举无疑在提升业主满意度、增强客户黏合度方面达到了双重效果。

活动当天，业主们积极建言提出了对豪宅居住的期待。比如希望物业能整合外部的资源为业主带来更多的实惠；懋源会可以搭建互动平台，发挥业主之间的资源优势进行互助；在家里能够享受到更居家的服务，包括高端厨具使用技巧等"接地气"的内容。事实上，大多数开发商与购房人之间的关系只存在于房屋买卖阶段，而懋源地产一直坚持服务型地产开发商的定位,将服务延伸到业主购买房屋之后的全居住周期。

### (6) 建立物业公司联动机制

当项目还处于销售期时,营销部应该与物业人员联动起来,为已成交客户提供针对性的服务,例如每逢佳节一起派送礼品,向客户发放关于服务方面的问卷调查等;房屋交付之后,虽然社区已经移交给物业公司,但是营销人员也应该参与到物业公司的客户维护行动中去,在不断的互动中让客户感到营销人员一直在身边。比如2020年初发生的"新型冠状病毒肺炎"疫情,处在防疫一线的不应该只有物业服务人员,也应该有营销人员的一系列关爱措施。

### (7) 客户服务的延伸

豪宅客户都有"彰显身份"的心理需求,我们应该运用社会资源将客户服务无限延伸,整合各类高端资源为客户服务,本书提及的融创壹号院的"中国ONE家族俱乐部"、苏州桃花源的"桃源会"、星河湾的私人俱乐部等都是基于这方面的考虑而设置的。

**蓝城诗画小镇疫情防控期间的服务细节**

蓝城诗画小镇位于浙江金华的浦江县,背靠仙华山景区,项目一期为中式合院产品,均价约30000元/平方米(图8-3)。

图8-3
蓝城诗画小镇实景图

2020年初,"新型冠状病毒肺炎"疫情爆发,中国采取了强有力的管控措施,全国人民万众一心抗击疫情。作为一个以服务著称的开发商——蓝城及其服务公司自然也要出现在抗疫的第一线,更何况诗画小镇本身倡导的就是"健康生活、田园生活"。

面对疫情,开发商生活服务部(营销部)和物业公司联动,在业主服务方面做得细致而周到:

(1)疫情防护措施

小镇内严格进行防疫消毒自查,每日对样板区进行2次零死角消毒;每天都对员工进行体温测量和动态监测;想尽一切办法为员工和客户准备防疫物资,包括口罩、防护服、体温枪、消毒液等;应政府相关要求发布疫情防控通知,告知业主做好防疫措施。通过微信、短信、电话等途径一对一发送至业主家人,告知疫情防护措施。

（2）业主服务

考虑小镇返乡潮期间大量客户到访小镇，让小镇成为打卡点，对小镇进行新春氛围布置。春节之前本来安排了很多春节期间的互动类活动，但考虑到疫情防护期特殊情况，营销部仅保留了部分活动。值得称赞的是，疫情期间，营销人员为每家每户准备了小镇自产的新鲜蔬菜和大米，挑选4到5个品种在保证自身安全的情况下为业主上门派发，业主在感动之余给予了高度的评价。

2月8日，在营销部主导下，项目开通线上健康管理咨询服务，邀请中西医结合专家通过微信视频或电话的形式为业主提供咨询，并且在咨询之后提供健康管理方案。

项目还为业主家人们创建了健康档案，全面导入专属于业主家人的健康管理系统，快速实现信息采集、健康跟踪、健康干预等措施。

当然，他们的付出还获得了意外收获，本来只是一次防疫工作，但业主深为感动，在正月初一到正月十五期间，业主成功介绍两套别墅成交，总金额近千万。

# 22

## 策划层面的
## 精细化服务

销售人员对客户的服务大多是面对面的,所以客户很容易感知服务之用心。而策划人员要想通过服务去感化客户难度就大多了,不曾与客户谋面的策划人唯有通过包装、物料、活动等方式去服务客户,而在信息多元化和物资极大丰富的时代,客户的精神要求提升了,要想获取他们的认可实非易事。

但服务是豪宅营销的重要工作,策划的服务属性也应该凸显,在严控营销费用的前提下,策划该如何开展精细化的服务工作呢?笔者的建议是:走定制路线,因为比奢侈品昂贵的是"定制品"!

### 1. 物料定制化

"地产操盘手"创始人路应刚将物料划分为三个层次:最基础的是叫物料,比如我们常做的楼书、户型图,这种物料别人拿到是几乎没用的,基本上只是承载一些项目的信息;第二个层面的物料是礼物,可以承载一些服务功能,具有品质感,代言企业形象。最高层次的物料是情感,让人爱不释手,记忆温暖,以情感来打动你,让你对它产生好感。

图8-4
李丁亲自书写的邀请函

重庆融创欧麓花园城曾经定制过一个礼盒,名为"有'杏'遇见",礼盒表面有一个定制的腰封,上面有被赠送人的姓名,还有一句重庆话:"不是巨头不聚首,啥时再来重庆耍?"据说这句话是融创某高管针对每一个被赠送人亲自拟定的,每个人都不一样。打开礼盒,里面放置一包杏仁和一本台历,与主题呼应,可谓匠心独运、温情十足。

知名地产自媒体人苏绪柒在物料定制上也玩出了新花样,他为某购房平台定制了一份寓意为"承蒙厚爱"的礼品盒,打开之后发现,里面有一排橙子、一排柠檬和一个本子,两种水果的谐音就是"承蒙厚爱",这一创意让一份价格不高的礼品价值感大大提升。

2016年3月14日,白色情人节,当代置业上海万国府项目为客户定制了一份"甜蜜"的礼物:巧克力制作的户型图!打开礼盒之后,有六大信息被"画"在巧克力上:公司LOGO、项目LOGO、项目二维码、项目定位语、产品信息和户型图。巧克力制作的户型图,既是礼品,也是物料,既传递项目的产品价值,又表达了白色情人节的主题。关键是还可以品尝,意为"品味甜蜜生活"。

"长城脚下饮马川"项目在推广期,创意性地用董事长李丁先生写给老友们的亲笔信来邀约客户,情谊真挚、诚意满满,文人情怀跃然纸上(图8-4)。不仅如此,他在公众号上自己写文章，阐述一个40岁大叔的人生理想；该项目一共做了五种不同的物料，每种物料上的文字李丁都会亲自撰写或修改，相信他的心境并不是一个文案师可以领悟的。

2. 活动定制化

本书多次提到豪宅的推广尤其要注重对圈层的定制化推广，而活动作为客户导入的重要载体，是彰显客户身份、提升客户满意度的最佳时机。

活动的彻底定制化其实很难做到，一方面客户有的时候也不是很清楚自己的需求，另一方面豪宅讲究的是超越客户的期望，一味地按照客户的意愿去定制会缺少了这份惊喜感。最佳的方式是，我们在活动主题和内容上多与客户沟通，但是在执行细节上多创造一些亮点。

笔者在操作苏州某项目时为了嫁接银行资源，决定为银行员工定制一场活动。策划部带着三个方案找到银行负责人，银行内部经过讨论决定以亲子主题做一场联谊活动。为了让活动更具趣味性和品质感，我们与华侨城旗下的"麦鲁小城"合作，因为"麦鲁小城"是一个儿童职业体验乐园，孩子们可以在里面体验五十多种职业，体验完之后可以获取一定的"酬劳"。我们和"麦鲁小城"快速达成合作，将其乐园里三个体验区域搬至售楼处，结果活动当天得到了银行员工和孩子们的一致好评。

如果策划部要组织一些小型的圈层活动就更要注意细节了，首先我们要把活动主题、具体要求与客户沟通清楚，因为客户都是好面子的人，担心怠慢了朋友，因此要问清楚其他参与者的喜好。在活动之前，可以用液晶屏或者写真板提示"某先生与他的朋友们"，以彰显对召集人的尊重；在活动过程中，切勿区别对待，否则会导致参会者心理上的失衡。另外，活动结束之后，一定要送上项目物料和专门为这场活动定制的礼品。

笔者曾经受一位业主的委托给自己的女儿过10岁生日，他有两个要求：低调、简约但不简单。接到任务时，我不解地问他：您身价上亿，应该在五星级酒店里给女儿搞一个盛大的生日派对，为什么要这么低调呢？他回答：孩子平时有些小跋扈，才10岁公主病就很严重了，我和太太很爱她，但实在不想再让她享受那种众星捧月的感觉了，所以我们商量干脆低调一些。我刹那间明白了这位业主的良苦用心，决定以"父女情"为主题给她庆生。

生日当天，派对现场一共来了20人左右，场地布置在湖边的草地上，大家入席之后首先是VCR短片播放，放映了女儿这十年的成长路程，然后邀请了一位沙画大师演绎了一段他们父女发生的真实故事，现场我们还邀请到影子舞的舞蹈演员与他们一起互动；生日会结束之后他们还一起种了一棵树，后来应我们的要求移植到他们的别墅里。这个生日会让业主一家非常满意，业主紧握着我的手说：以前我给孩子的都是物质，今天谢谢你让我把爱传递给了她。

策划人员的服务可能没有销售人员和客服人员那么浓烈，但客户一定会在细节中感知我们的用心，切不可忽视这一小小的感动，它代表的是企业的品牌和项目的精神价值。精细化思维会让策划变得更有价值，让你聆听到客户更清晰的声音。

# 23

## 豪宅社群营销操作要点

社群营销自2015年以来随着互联网的高速发展风靡地产界，受到业内的追捧。尤其是阿那亚、奥伦达部落、聚龙小镇和绿城蓝湾小镇四个项目取得的巨大成功，为社群营销在房地产行业提供了坚实的理论依据和实践依据。

有学者认为社群营销是在网络社区营销和社交媒体营销的基础上发展起来的一种联系更紧密、传播更广泛的网络营销模式。万科的观点是，社群营销是融合营销、创意、互联网技术和现有商业模式的跨界营销。但笔者认为社群营销既不是单纯的网络营销模式又不是一种跨界营销模式，**而是以价值认同为目标，集线上与线下互动、老客户维系、新客户开发等于一体的整合营销模式。**它是互联网发展的必然产物，同时也是对传统商业逻辑的一次变革。作为地产营销人，首先需要从理念上明晰其价值（图8-5）。

传统商业逻辑是通过推广解决销售问题，客户一旦成交了，那么销售行为也就结束了；但是在社群营销的逻辑中，客户的成交只是营销的开始，通过不断地互动去影响其他客户，最终形成客户的裂变，而这个"互动"最主要的体现就是客户服务。

细细思考一下我们可以得出这样的结论：**传统商业逻辑中"老带新"是一种营销模式，而在社群营销逻辑中，"老带新"是客户服务的结果！**

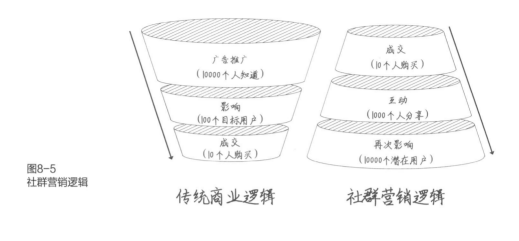

图8-5
社群营销逻辑

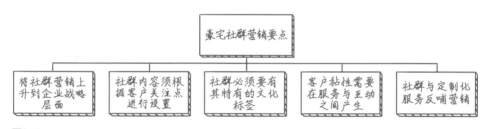

图8-6
豪宅社群营销五大要点

关于社群营销的基础知识本节不做详述，而是针对豪宅项目社群营销的五大要点进行重点说明（图8-6）。

1. 战略层面的社群营销

很多营销人错误地认为社群营销就是微信营销，把同行业、同爱好的人组成一个微信群，平时多互动多维护，然后再将客户从线上导入到线下。这样的社群生存周期是很短的，一般不会超过三个月，因为它缺乏公司层面资源的支撑，社员缺乏对文化或价值的认知，仅仅将社群当成"福利群"或"交流群"而已。

豪宅营销的终极目标就是实现特定客群对项目价值的认同，这里的"特定客群"自然是指具有购买力的客群，如果社群内鱼龙混杂，纯度很低，客户对社群是完全没有忠诚度的。所以单纯的一个项目或单纯一个营销部是不具备做好社群营销的条件的，需要从战略层面解决问题。

"营销工作的战略化"近年来在业内备受推崇，最著名的是2020年春节期间恒大集团关于恒房通的战略化布局以及全国部分楼盘"75折"销售的布局，取得了一个月认购套数9.9万套、认购金额1026亿元的辉煌业绩。如果仅仅是恒大的某个城市公司甚至区域公司来做这样的动作，效果定会大打折扣，唯有调动全国资源，形成市场势能才能逆市登顶。

社群营销的战略化布局至少需要做好四项基本工作（图8-7）。

### （1）管理层亲自参与

企业管理层亲自参与使得社群营销有了深厚的生长土壤，他可以调动一切公司内外资源甚至是本人的圈层资源为社群营销助力，实现"从0到1"的突破；管理层亲自服务客户，从客户内心来说更加受重视和被尊重，对提升社群质量、社群裂变带来驱动力。

绿城蓝湾小镇便是这样，高管们换上厨衣，带头为业主做一顿饭，当完大厨之后亲自教业主打高尔夫球，还经常亲自给业主写信，这一系列举动营造了和谐的邻里氛围，将绿城提倡多年的"家人文化"温馨落地。

### （2）成立独立运营部门

要想做好社群，一定要成立单独的运营部门，要有独立的费用编制和独立的考核体系。该部门不属于营销部，也不属于物业公司，但又兼具了营销和服务职能，

图8-7
社群营销战略化
四项基本工作

使得他们在开展工作时有一定范围的管理权和决策权。

阿那亚有"D.O"运营团队，青岛融创是"E.O"运营团队，奥伦达部落的则是"T.O"运营团队，他们大多是开发商联合专业的运营团队共同组建而成的。

（3）整合公司优质资源

社群运营的核心是通过服务达到价值认同的目的，公司唯有将其上升到战略层面，才能整合公司旗下所有的资源形成"价值包"，为客户提供分级化、个性化的服务。

2. 社群组织的内容

社群不是一个架构，而是一个有血有肉的整体。社员进入社群之后能够享受什么样的福利？仅仅是购物折扣？抑或是购房折扣？这些是远远不够的。豪宅的社群与普通项目的社群有什么不同？笔者认为存在两大不同：第一，准入门槛不同；第二，运营配置不同。没有了准入门槛，社群的质量可想而知，对营销不利；没有了高水准的运营配置，社群黏性不够，客户的价值感不到位，依然对营销不利。

因此我们需要根据项目具体的客群定位以及本书前文提到的富人阶层的兴趣爱好和痛点设置不同的服务体系。比如融创地产成立的"中国ONE家族俱乐部"，专注于会员的专属定制型服务与体验，引进全球高端奢侈品品牌资源，为会员提供"财富管理、健康体检、养生美容、私人旅行、教育计划、海外移民、艺术收藏、商业出行、慈善公益"九项私人专属定制服务。要知道，这一体系既是一种会员福利，更是一种圈层。

### 3. 特有的社群文化

没有文化认同就没有价值归属，没有价值归属就不会有成交。当然，社群提出的文化并不是一种新的文化，仍然依附于专属于中国人的传统文化或认知，只不过这种文化可能埋藏于人们的内心深处，也可能少数人可以感知到，这样的文化相对比较容易获得客户的认同。

塑造社群文化可以从四个方面入手（图8-8）。

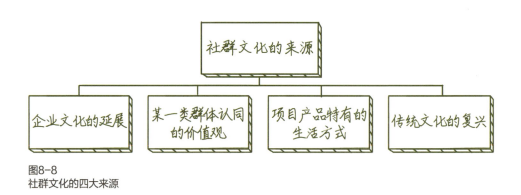

图8-8
社群文化的四大来源

绿城的"家人文化"是企业的核心理念，蓝湾小镇的社群文化正是基于这一企业文化形成的；富人看遍世界，心归朴实，阿那亚便提出了重新找回人的情感价值，倡导人生应该返璞归真，生活不应该"富贵逼人"而应该"温暖动人"！奥伦达部落项目的社群文化定位是"社会财智人群实践幸福梦想的聚地"；建业君邻会则根据中国儒家思想中的"君子文化"提出了"新君子文化"。

4. 社群的服务与互动

普通项目社群的组成原因大部分是因为有共同的兴趣爱好，豪宅社群则以小型圈层为主，无论是哪种组成原因，都应该以"服务"为内核，以价值认同为目的，按照社群组织的内容和客户的兴趣点，组织密集型的活动，在互动中创造客户的价值感。

几乎所有的社群都是以活动的形式进行品牌落地的，绿城蓝湾小镇一年做了64场社群活动，营销费用抵扣完之后只花了946元，几乎每一个活动费用都是业主众筹而来；奥伦达部落提出了"邻居+事业合伙人"模式，业主以10万元幸福卡为门槛，享有理财产品带来的收益，既是好邻居又是事业合伙人；建业君邻会四年时间举办了2900余场社群活动，会员自发成立了67个兴趣部落……会员不仅享受到了生活各个方面的实惠，还扩大了圈层、丰富了视野，最重要的是大家在同一个平台上获得了价值的认同。

5. 社群反哺营销

有人说社群的终极目标是营销，这话说得很对，但是社群营销本身不能太功利化，否则就丧失了服务的意义。在社群营销中，"成交"与"老带新"都是潜移默化的，都是最终的结果，而不是过程。

社群的成功布局不仅可以使"服务"成为常态化，还可以让暖场活动、节点性活动、渠道拓客等营销动作变得简单顺畅，更让人不可思议的是，社群可以让"社群定制"成为可能。"地产操盘手"创始人路应刚在其公众号分享的河南建业集团的社群营销案例给我们开拓了全新的视野——

### 建业君邻会的社群营销之道

2019年7月，位于郑州北龙湖板块的"建业君邻大院"项目的第一期组团"竹苑"开盘，实现销售套数400套、销售金额30余亿元的斐然业绩，其营销费用仅花了500万元。这个项目能够在逆市中取得成功，与"君邻会"的运营是密不可分的。

**1. 君邻会概况**

君邻会成立于2016年，是目前河南最大的地产新生活服务平台，深度链接超过10000名建业地产的铁杆粉丝。平台理念是：善己为君、同道为邻、共享成会。

君邻会根据中国传统的"君子文化"提出了极具时代精神的"新君子文化"：与人为善的博爱、与光同尘的超然、与时俱进的探索、卓尔不凡的品位、高远辽阔的视野、忧乐天下的担当、洞察世事的敏锐、正身律己的自省、澎湃激越的能量。

君邻会以"邀请+推荐"形式，让建业的客户及朋友们汇聚一堂，打造成为一个"品质生活+圈层社交+投资合作+学习成长"的平台（图8-9）。

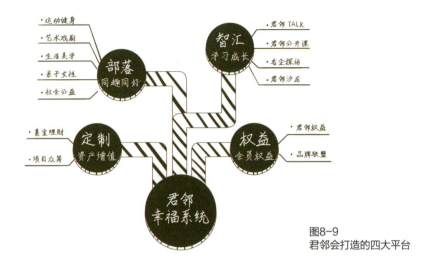

图8-9
君邻会打造的四大平台

### 2. 君邻会会员基本权益

(1) 集团内部资源

集团董事长胡葆森亲自挂帅,整合全集团旗下的产业为客户提供全生活周期的服务,建业酒店、绿色基地、建业艾米、建业物业、建业教育、建业旅游、建业足球和建业地产等每个产业均为会员设置了专属服务。

如建业酒店针对会员可以专享特惠房价及餐饮折扣、会员专享入住礼品,尊享专属入住办理通道;建业教育规定,会员本人持会员卡享全年2次(春秋两季入学)部分学费减免优惠。

(2) 社会资源延伸

为了弥补内部资源的不足,君邻会甄选优质服务资源,为君邻会会员和建业业主打造新生活方式,链接客户的事业与生活。同时,实现君邻会与品牌联盟商家品牌共建、资源共享、合作共赢。为此他们在社会上整合了近70个品牌商家,涵盖了客户生活的方方面面。

(3) 付费权益

结合君邻会会员资源以及建业集团内外部资源的优势,以"建业"和"君邻会"

图8-10
胡董亲自书写邀请函邀约客户

为品牌信用，因需定制付费类产品或服务，打造君邻会的私人定制服务和合伙人平台，如君邻专享基金、地产项目跟投等。

**3．君邻会的发展与运营**

（1）董事长亲自参与

2016年4月君邻会成立之初，胡董亲自书写邀请函，邀请全省建业客户加入君邻会（图8-10），从4月发出邀约到6月5日，共有1000余位客户汇集。

（2）丰富多彩的社群活动

2016年8月，由胡葆森董事长以20余年企业管理经验主题分享《经商治要》开启君邻公开课，之后邀请张维迎、二月河、六神磊磊、袁腾飞、李银河、余秀华等政经文化名人做客中原，为君邻会员开启新视野。

定位于同趣同好的部落板块，成立了戏剧社、读书会、油画苑、足球、亲子、运动等……以丰盛多元的兴趣部落，让灵魂相近的君邻家人互相映照、共同分享，充分展现君邻家人的精神质地和生活肌理。

为更好服务部落，建业为君邻会成立了时光剧场、君邻书社等线下空间。而戏剧社也在过去四年里，排演出《雷雨》等3场知名话剧，成为君邻会的明星社群，更好地连接了邻里，也丰富了城市文化生活。

### 4. 全新开发模式：定制豪宅社区

2019年3月4日建业在北龙湖摘地，3月10日君邻会开始通过线上线下渠道调研客户需求，访谈会员定制意向，参与调研的会员要为结果负责，因为那就是他们未来的房子，是真正根据需求定制房子。

从意向定制到深度定制，是需求收集、归纳、汇总的过程，也是产品研讨、调整、确定的过程，同时是用户的交互甄选、去粗取精、意向确认过程。三者合一，加速进度，缩短流程，这也是君邻大院从拿地到开盘仅耗时4个月的秘密（表8-1）。

建业君邻大院定制化营造之路　　表8-1

| 阶段 | 要求 | 工作内容 | 工作细项 |
| --- | --- | --- | --- |
| 第一阶段 意向定制 | 全员参与 理念认同 | 线上线下调研 | 初步模摸愿意参与的客户 |
| | | 产品需求调研 | 举办研讨会，征询君邻对于户型面积区间的意向 |
| 第二阶段 深度定制 | 大院定制 5大模块 逐一落地 | 户型定制 | 让客户知晓每种户型参与定制的成果及可变空间 |
| | | 配套定制 | 通过投票的形式让客户决定社区内部的配套功能 |
| | | 立面风格定制 | 通过投票的形式让客户决定小区的建筑风格 |
| | | 装修档次定制 | 预告装修档次，决策房屋是否包含装修或装修档次 |
| | | 景观风格定制 | 投票决定社区景观风格整体设计方案 |
| 第三阶段 私人定制 | 私人定制 持续深入 | 物业服务定制 | 研讨物业服务标准，选定物业服务公司 |
| | | 景观深化定制 | 深化景观风格方案，通过君邻投票决定景观小品的建造方案 |
| | | 装修选配定制 | 君邻选取自家装修方案、电器部品，基于可变空间的方案确认房屋内部交付时的墙体结构 |

"竹苑"是建业地产定制社区的1.0版本,那么"梅苑"就是2.0版本。从1.0版本的聚合定制到2.0版本私人定制,君邻大院在持续更新,不断迭代。至此,建业定制社区由现象走向模式。继北龙湖君邻大院之后,安阳、鄢陵、儋州等城市的君邻大院次第启动。

如果说社群营销以前是为了"营销",而现在建业的社群很大程度上改变了传统房地产开发的模式,让定制化豪宅成为可能。

# 创新思维 9

不要玩"套路",

将豪宅的每一件事情做到极致且有意义,

客户自然倾心于你!

# 24 / 富人购房过程解析

很多客户都把房地产营销人戏称为"套路王",似乎每一位进入房地产营销领域的人都会经过无数次的培训,而这些培训中至少有50%的内容是在教授如何"套路"客户。

笔者认为,在以"创造价值感"为核心的豪宅营销工作中,服务是我们促进成交的唯一途径,适当的销售技巧是被鼓励的,但一切恶意的"套路"行为都应该被禁止!对于豪宅营销来说,"套路"是一个不容置疑的贬义词。

这个观点的提出是基于笔者对多个购房群体长期研究总结而来,我们对普通项目客群和豪宅客群的购房过程以及花费的时间做了研究,发现呈如下状态(图9-1)。

由下图我们可以发现四个细节——

## (1)豪宅客群对"自我需求"更加慎重

在购房之前,豪宅客群会花费更多的时间了解自身的需求,他们可能会考虑到家庭结构、利益需要、资金情况等,而刚需客户和改善客户的想法就会相对简单,他们纯粹是为了买一套房过渡或者更换一套面积更大的房子。

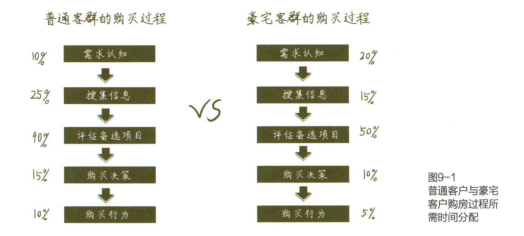

图9-1
普通客户与豪宅客户购房过程所需时间分配

**（2）豪宅客群搜集信息的速度更快**

鉴于市面上豪宅项目相对较少，而满足客户对配套、区域、产品类型等方面的项目更是少之又少，所以豪宅客户搜集备选项目上花费的时间很少；而其他类型的客户面对海量房产信息，需要花费更多的时间去搜集适合自己的产品。

**（3）豪宅客户评估备选项目时间更长**

虽然备选项目很少，但豪宅客户会更加谨慎，在这段时间里他们会不断地与置业顾问沟通，不断地询问圈内好友的意见，不断地通过关系网印证他们得到的消息，甚至会多途径地索要折扣，导致成交周期被拉长。

**（4）豪宅客户成交决策更高效**

一旦客户决定要购买该豪宅，他们的购买决策和购买行为会非常高效，当然前提是我们在银行贷款服务方面没有任何障碍；而其他客户在决策时就会显得更加纠结，甚至会出现怀疑自我和否定自我的现象。

不要小看图中细微的差别，要知道豪宅的成交周期要比普通住宅长1.5倍以上，这就意味着我们的售中服务要花费更多的时间，我们中途如果还用"逼定""涨价"

"抢房"等"套路"去和客户沟通的话，一来我们缺乏这样的底气，二来客户会在漫长的互动时间里发现破绽，质疑置业顾问的专业精神，影响到项目的口碑。

笔者曾经参加过绿城集团开展的一次营销技能大赛，各个项目均派遣优秀的置业顾问参赛，他们个个神采奕奕、慷慨激昂地宣讲他们的演示文稿，表现不俗。其中有一个置业顾问用故事的形式讲述了他如何用"现场SP"形式成功促使一位客户购买了别墅，但这位置业顾问拿到了最低分。裁判的理由很简单：绿城的核心价值观是"真诚、善意、精致、完美"，我们的房子再难卖也不能有欺骗客户的行为。销售是成功的，但是思想却错了。

绿城在这方面做得的确可以称为行业翘楚，记得绿城在浙江德清有一个叫"英溪桃园"的项目，首次开盘的法式合院产品销售价格在700万~1600万元之间，首推仅20余套，有一位置业顾问一个人就包揽了12套，销售金额达1.2亿元。当别人问她销售秘诀，她说自己确实付出了旁人难以想象的心血，其实也没有太多的销售技巧，唯有用心用情，真诚相待。正是以这样的一份执着的心态，得到了到来自不同行业追求极致品质客户的一致信任。

从客户的角度来说，一个诚实的负面消息，价值要大于一个被掩盖的正面消息。被誉为"经营之神"的松下幸之助曾说："在这个世界上，我们靠什么去拨动他人心弦？有人以思维敏捷、逻辑周密的雄辩使人折服；有人以声容并茂、慷慨激昂的陈辞去动人心扉……但是，这些都是形式问题。我认为在任何时间，任何地点，去说服任何人，始终起作用的因素只有一个，那就是真诚。"

# 25 豪宅"零套路"成交要点

"零套路"并不是要求大家摒弃销售技巧，相反，豪宅营销对销售技巧的要求会更高，而是要求大家站在产品价值的高度，以真诚善意的服务精神去感化客户。

在促进成交方面，我们一般会使用"涨价""热销""同事或领导SP""竞品打击""先交意向金再谈价""销控""价格引导"等方式应对客户，而这些"套路"用得好是技巧，用得不好便属于欺骗。

我们先谈谈三个适用于豪宅项目的销售技巧：

### （1）适当的"销控"

当有几十套豪宅推出市场时，客户对自己的需求其实是模糊的，而同一面积或同一户型的房子之间的价差又不会太大（边户除外），就算是价差拉大，以富人阶层的购买力也是可以买得起的，面对纠结的客户，适时的房源销控是非常有必要的。

在这个时候，置业顾问需要前期对客户需求的摸排主要推荐2~3套房子，这个过程其实是在帮助客户做排除法，有利于客户快速做出正确的选择。

### (2) 价格引导策略

当客户的意向对某个或某些房源呈密集状态时,在企业允许的前提下,可以对部分房源的价格进行调整,拉开畅销房源与非畅销房源的价差,这一策略可以起到很好的客户分流作用。

### (3) 竞品对标法

我们从来不建议所谓的"竞品打击",这属于恶性竞争的范畴。从客户角度来看,他们阅人无数,驰骋商界,对损人利己行为是深恶痛绝的。一味地打击竞争项目,等于在自掘坟墓,反而引起客户的反感。

大家应该处于同一起跑线上,深入研究竞品的优劣势,同时与自己的项目进行比对,面对细微的劣势,我们不必过分在意,因为天下没有完美的房子;面对明显的劣势,我们不能遮掩,通过说辞进行说明和转化。客户面对豪宅这样的大宗商品,他们心中也会有比对的过程,前文我们说到他们会花费50%的时间用于评估备选项目,但是他们比对的并不是细节,而是房子的整体配置以及存在于潜意识中的软性服务。

再来说说不适用于豪宅营销或者说急需改进的四种"套路"(图9-2)。

### (1)"涨价逼定"法

通过涨价去"逼定"客户是豪宅营销的大忌,根据笔者的经验,你涨价了30万元,客户会通过一切关系再优惠回来,而这一过程会给客户带来极度不适。要知道,豪宅客户的成交周期的确很长,但是成交率却很高,我们应该不厌其烦地帮助客户梳理项目价值,寻找到客户的成交痛点,通过价值感的提升解决问题。就算客户因涨价而被迫交纳定金,后期在签约的时候依然会有很多问题在等着你。

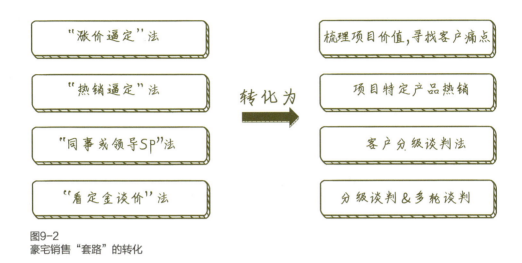

图9-2
豪宅销售"套路"的转化

### (2)"热销逼定"法

除非你的项目真的很热销,像2020年深圳"太子湾"开盘出现戴着口罩抢豪宅一样,否则轻易不要使用这种方法,事实上"太子湾"项目也非常人性化,答应客户"有20天的犹豫期"。在信息透明时代,虚假销售是很容易被客户识破的。

此时我们需要转换一个思路,把"项目热销"转换成"项目特定产品热销",比如客户看中了东边户的200平方米户型,这一户型的确比较受关注,此时我们便有底气与客户交流了。

### (3)"同事或领导SP"法

洽谈本身就处于一个私密的状态,如果有同事突然介入会显得很奇怪,让领导出面洽谈就不是"逼定"了,而是价格谈判。我们最佳的做法是分层接待制,什么样的客户由初级置业顾问接待,什么样的客户由高级置业顾问接待,当客户谈到什么时候再移交给领导,千万不可冒失地直接由领导去谈判,否则成功率会很低。

### (4)"看定金谈价"法

对于客户来说,让他们带着定金方可价格谈判是一种"势利"的表现,谈妥了价格再购买属于人们的正常心理，我们不宜违背。此时，客户通过价格表已经获知了该套房源的准确报价，也获知了具体的折扣，他们属于绝对的高意向客户，我们应该积极与客户谈判，并且要做好多轮谈判的准备，在谈判的过程中要采用家宴、领导助力、礼品寄送、客户痛点发掘等形式与客户互动，给下一次谈判做好基础。

"零套路"的核心是真实与真诚，豪宅的销售技巧不在于"套路"有多深，而在于痛点挖掘的深度和价值感的深度，这也是豪宅营销倡导的精细化营销的重要体现。

# 26
## 高端客户价格谈判要点

据统计，千万级豪宅仅价格谈判平均达到4.6次，房屋总价越高，谈判的次数自然越多，因此豪宅项目价格谈判要做好"持久战"的准备。

很多人认为：置业顾问与客户谈判处于天然的劣势，因为谈判双方本身就存在身份不对等、阅历不对等的问题。笔者认为这个观点有失偏颇，我们去买奢侈品从来没有想过要去找经理要优惠。根本原因在于房地产的定价体系是灵活的，是有一定空间的，所以自2018年开始，中国部分城市采取了强有力的商品房"限价"措施，开发商只能按照备案价销售，这反倒给置业顾问带来了成交便利。

豪宅客户价格谈判与其他项目价格谈判有很多相似之处，本书不再扩展探讨价格谈判问题，而是针对高端客户的价格谈判策略进行解读。

### 1. 破除谈判壁垒

首先，针对谈判我们要做好五项心理准备：

①几乎所有的高端客户在价格方面都会对我们半信半疑，纵然我们已经给出了最大诚意。

②谈判讲究的看似是"双赢"，但是没有妥协就不会成功，我们需要让每一次妥

协都有意义。

③与普通客户不同，高端客户讲究对话的平等（尊重感），但是对"卑躬屈膝者"更加看不起。

④不要和高端客户比谈判技巧、比气场，我们要比的是专业、是服务。

⑤三分之二以上的谈判是失败的，但是没有这三分之二就没有那成功的三分之一。

这五项心理准备中最重要的是打破我们内心的沟通壁垒，不要因为对方是富豪而妄自菲薄，也不要因为对方个性凌厉而心生畏惧。

"推销之神"原一平曾经分享过这样一个亲身经历：某一次，他要面见一家跨国公司的总经理川崎先生，根据他之前掌握的资料，川崎先生是一个自命清高、脾气古怪的人。他向前台小姐表明了来意，前台拨通了一个电话，而后跟原一平说：川崎先生很忙，请你长话短说！正在此时，他想到了一个铤而走险的良策……他一进办公室，就看着川崎先生背着门对着窗户看文件，过了一会儿，他才转身抬头看了看原一平，一句话没说，继续看文件，这个举动显然是在告诉他：我很忙！在这个尴尬的情况下，原一平沉默了足足有五分钟，然后大声地说道：川崎先生，你好！我是原一平，今天打扰你了，我改天再来登门拜访。川崎先生一愣，转身问道：啊，你说什么？原一平快速走到门口，转身说道：来之前我和前台小姐说好了给我一分钟的时间向你问个好，现在我的任务完成了，我也该告辞了，再见！这个事情之后的第三天，原一平再次硬头皮去拜访川崎先生，这一次，川崎一见到原一平就很热情地说：你终于来了，那天怎么突然走了，你很逗啊！后来，他们的交流在轻松愉快、平等尊重的氛围中顺利进行。

原一平并不是在蔑视他，而是通过看似尊重的方法获得了对方的关注，也换来了对方的尊重。我们与高端客户谈判也是一样的，在对方心中"不信任"其实是常态，每个人都习惯于在谈判桌上获得最大的利益，反过来说，质疑反而是好事，说明他对你的项目产生了兴趣。

## 2. 成交时机的捕捉

当客户出现以下12个行为的时候，就代表我们可以开展价格谈判了：

①当客户对产品无议，询问认购方式时；

②对产品比较满意，要求更多优惠时；

③当一位话多的客户突然不说话，开始深思熟虑时，反之，话少的客户突然话多时；

④话题集中在某套房源时；

⑤反复询问，如果买房子能满足其某种要求时；

⑥当客户犹豫不定，要你帮助参谋某套房是否合适时；

⑦请你无偿保留房子时；

⑧当客户非常关心售后服务时（物业管理问题）；

⑨客户多次到达现场表示满意时；

⑩当客户突然带着亲友团体一起参谋时；

⑪当客户受现场气氛影响兴奋不已时；

⑫当客户说带钱不够下定金时。

## 3. 谈判的注意点

我们时刻都要为谈判而准备，谈判本身只是一个过程，谈判桌下的悉心准备才是谈判能否成功的关键。

①梳理分析谈判中的变量，分清主次；

②在纸上逐一列明谈判要点，并熟记于心；

③抓住一切可能创造额外价值的机会；

④谈判前做好充分准备，尽可能多地搜集有用信息；

⑤谈判中积极主动，注重谈判的方式方法；

⑥建立双向沟通机制；

⑦预期目标要切合实际；

⑧谈判直奔主题，切中要害；

⑨准备好其他备选方案；

⑩营造友好积极的谈判氛围；

⑪适时发出邀约或反邀约；

⑫事先制定明确的谈判战略；

⑬与己方团队的同事分工明确；

⑭不要给对方挖陷阱，也不要过度纠缠细枝末节；

⑮在达成最终协议前，暂停谈判，冷静一下；

⑯表现得诚信可靠，能让对方信任。

### 4. 谈判的"公式"

为了更好地掌握好价格谈判，笔者汲取了多位优秀置业顾问的实战经验，为大家总结出一个"谈判公式"（图9-3）。

千万不要小看这6个问题，看似简单的问题需要我们用精细化思维去思考。如我们是否能够确保谈判的对象是真正的决策人？难道出资人就是决策人吗？他在购买决策的时候是否存在"隐形决策人"？客户在与你价格谈判之前，是否已经明确了1~2个房源？如果他的意向房源相对分散，会让价格谈判更加困难，不分主次会影响到双方的谈判思路。

还有关于"自己"，你是否真的摸清楚了这套房子的价格底线？如果突破了价格底线，你是否会向上级申请拿到最后一张"王牌"？针对客户可能提出的几个问题，

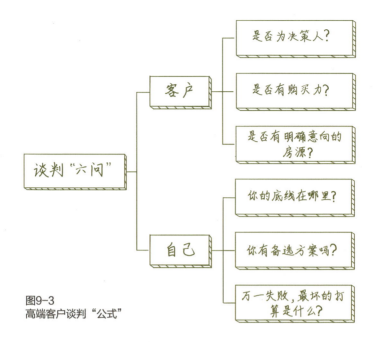

图9-3
高端客户谈判"公式"

你是否有相应的解决方案？能不能在不退让的情况下促使客户接受你的价格？价格谈判会持续4~6次，每次谈判结束时是否给双方都留下余地？

下面我们用两个案例来整理谈判思路——

情境一：客户A的购房总预算是700万元，购房目的是为儿子买一套婚房，未来的儿媳对房子也很认可。但是你的别墅均在800万元以上，而恰巧你的竞争对手那边有700万元的别墅，那么，你该如何组织与该客户的谈判？

谈判思路建议：

①他是真的决策人吗？

②他是真的买不起800万元的房子吗？

③我们的产品优势可以弥补100万元的差距吗？

④如果不能，你还有哪些可以说服客户的？你的解决方案有哪些？

⑤如果客户执意购买竞品，你的解决方案是什么？

情境分析：

首先这位客户的总预算是700万元，说明他的购买力是绝对没有问题的，也属于真正的决策人，但是案例里说到他的购房目的是为儿子买婚房，这就导致了此次购房他绝对不是唯一决策人，真正的决策人应该是三个人：客户A、客户未来的亲家、客户未来的儿媳。

决策人的复杂性导致此次谈判会遭遇更多的问题，我们应该抓住这三个人的心理：客户A肯定是想买便宜的房子，但是另外两个决策人认可的是你800万元的房子。

我们再继续分析，800万元与700万元之间有100万元的差距，如果按首付计算的话，客户的购房预算会增长30万元，这30万元的差距对于豪宅客户来说是一定可以承受得起的。于是，我们第一步是要通过产品的优势拔高客户对本项目的期待，另外再通过对标的形式告诉客户我们高出100万元的原因。如果产品优势无法说服客户，我们需要抓住两个关键点：第一，通过儿媳和亲家来说服客户A；第二，他们购买的是婚房，任何人都期望自己的子女生活幸福美满。因此，我们需要把本项目与爱情有关的优势提炼出来，并且通过数据展示给客户，或者给一棵大树以新人的名字来命名，提升附加值。

如果一切都做到了，客户依然执意离去，此时切不可过分着急，因为此时客户的心理价差距离你的期望已经很接近了，我们要做的是让客户体面地离开，并且从儿媳那边入手准备下一次谈判。

情境二：某一高端客户B，看中了一套950万元的别墅，经过两轮的讨价还价，价格达到了910万元（该房源底价是900万元），但是客户执意要888万元这个吉利的数字，此时你该如何组织与该客户的谈判？

谈判思路建议：

①他是真的决策人吗？

②他是真的就差这22万元吗？

③客户真的在意888这个数字吗？

④面对22万元的差距，你的解决方案是什么？

⑤你会向领导申请888万元吗？

⑥如果客户强行要求888万元，你的解决方案是什么？

情境分析：

案例中明确提到该客户执意要的是吉利数字，表明客户可能非常相信易经或建筑环境艺术，这就说明客户B只能是决策人之一，易学大师对房子的决策甚至会高于该客户。

既然客户的心理价位是888万元，22万元的微小差距并不是核心，我们要解决的是：吉利的数字真的对客户的事业或健康带来帮助吗？我们是否可以从真正的易学老师那里找到答案？

虽然888万元已经在底价之下，但笔者依然建议向领导申请到888万元的价格，拿到谈判的"王牌"但在实际谈判过程中不能随意释放。如果客户强行要求888万元而我们又无法满足，我们要做好下一次谈判的准备，但最好邀请易学老师一起参与。

豪宅项目的价格谈判主要解决三个问题：心理壁垒问题、客户痛点的解决方案问题和服务满意度问题。价格谈判是对一个销售人员素质的全面考验，绝不仅仅是"讨价还价"，价格谈判是没有"常胜将军"的，更不要奢望成为所谓的"谈判专家"，因为在谈判领域客户的经验要比我们丰富得多；我们只有通过不断的反复的学习、实践、交流和总结去提高成功率。

# 创新思维 10

豪宅之渠道营销,

是天下最简单的渠道营销,

其成功核心是"执着的心态"!

# 27
## 豪宅客群的寻找通路

随着豪宅市场竞争的加剧，渠道营销也变得越来越重要，2015年左右的豪宅项目一般渠道团队（或者称为"大客户团队"）人数在10人左右，而近两年来30人以上的团队不断涌现。但队伍壮大了，豪宅的渠道工作似乎没有明显改善，很多渠道人感觉豪宅的客群太难寻找，就算寻找到，也不知道该如何有效导入售楼处。

笔者认为原因有三：第一，高端圈层已经被众多开发商整合过多次，圈层质量在逐渐减弱；第二，高端客户对品牌和品质的要求越来越高，很多非知名开发商或者品牌度不高的项目无法得到高端客户的认同，所以我们会发现项目刚刚开始时，渠道工作可谓举步维艰。第三，豪宅渠道人的心理壁垒依然很严重，导致对圈层缺乏挖掘深度。

其实，豪宅项目的渠道工作要比普通项目简单得多，它最大的难度不在渠道本身，而在品牌塑造。细心的地产人可以发现，一个城市中最难卖的豪宅一定不是价格最贵的，一定是最缺乏品牌支撑的。如果单纯从渠道层面来分析，它的难度主要体现在高质量渠道团队的组建和高端客户的接触，因为豪宅项目的客群比普通项目"少而精"，他们的工作轨迹和生活轨迹更加明晰。

图10-1
高端客户的寻找通路

### 1. 豪宅客群寻找通路

对于豪宅项目的渠道人员来说，寻找客户主要是两个途径：一是直接找到有钱人，二是找到那些能接触到有钱人的人。那么，有钱人在哪里？非常简单，他们无非是这些人：私营业主、企业高管、政府官员和各行业领袖，他们是各个领域内有话语权的人物，是高端商家的VIP客户，他们居住在某区域品质较高的社区里（图10-1）。

通过上图我们可以发现，高端客户的目标要比普通客户精准得多，这一属性决定了豪宅渠道没有必要进行"撒网式"拓客，而这三种通路也决定了渠道人应具备的三种能力：**陌生拜访能力、资源整合能力和资源渗透能力**。这三种能力本书将在"高端客户的接触手法"一节中详细阐述。

### 2. 客户地图的绘制

客户地图是每一个地产渠道人应掌握的重要拓客工具，虽然很多科技公司在客户的精准寻找上技术已经很成熟了，我们完全可以通过手机端掌握客户动态，但我们要知道，此类产品的基础是已经有了上门客户数据之后才能在后台生成，手绘客户地图可以弥补这一缺陷。

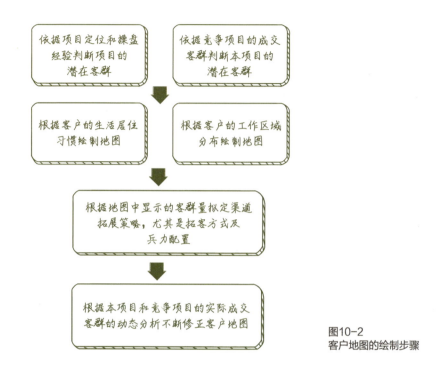

图10-2 客户地图的绘制步骤

如果没有客户地图，拓客动作都是杂乱无章的，基本上都是以渠道负责人的意图为主，而客户地图相当于"作战地图"，是项目渠道拓客的总纲领，有效地指导拓客工作。

（1）客户地图绘制步骤

客户地图的绘制一共分为四个步骤，每一个步骤都是对营销精细化思维的考验（图10-2）。

第一步：根据项目定位和操盘经验判断项目的潜在客群，这是一个感性思考的过程。一般来说，项目定位是判断客群定位的重要依据，你的产品是刚需还是改善，再次改善还是豪宅？这些客群大概是什么特征？他们在哪里？根据竞争项目的成交客群判断本项目的潜在客群，这又是一个理性思考的过程。感性和理性的双重分析，可以尽量保证初始客群定位是准确的。

第二步：初步判断了客户类别之后我们需要画两张客户地图，一张是根据客户的生活居住习惯绘制的，另外一张是根据客户的工作区域分布绘制而成。那么问题来了，哪一张客户地图更重要？"生活地图"和"工作地图"两者是互补关系，如果你想开拓社区，"生活地图"是重要参考依据。但整体来说，"工作地图"的重要性要大于"生活地图"，因为人在工作时间接触信息的渠道是多元化的，而一旦进入生活区域，接触信息相对单一。

第三步：两张客户地图绘制好之后，我们最好以表格的形式把客户的工作区域和生活区域进行细分，并且进行详细描述，比如客户所在的工厂在哪里，规模如何，高管有几位，是否有转介人，如何联系等。然后再根据地图中显示的客群量拟定拓客策略，尤其是拓客方式及兵力配置，如果某一个区域以写字楼居多，那么一共有几栋写字楼，大约会有多少人在办公，各个公司的高管大约有多少人？如果某区域以专业市场居多，那么商户大约有多少，我们采取什么办法接触到他们？我们打算几天内攻克目标？打算用多少兵力去完成任务？

这样的话，我们的拓客目标就会非常清晰，一旦拓客缺乏方向的时候，就可以参阅客户地图，尚未攻克的目标用黄色表示，已经被攻克的目标用红色表示。

第四步：因为第一步我们采用的是感性与理性的双重考量，缺乏对实际来访客群和已经成交客群的数据，为了使拓客目标更加贴近本项目，因此我们需要根据本项目实际来访与成交客群以及竞争项目实际成交客群来动态地调整客户地图。所以说客户地图并不是恒定的，更不是一劳永逸的，需要在成交中实时更新。

（2）客户地图绘制方法

客户地图一般有两种绘制方法，豪宅项目一般使用"客户触点法"，其他项目一般使用"客户职业分类法"。

"客户触点法"指的是根据客户频繁接触的行业或领域进行细分,然后与客户达成联系的一种方法。它的优势在于便于寻找到客户,而且还可以对该行业或领域进行细分,寻找到适合自己项目定位的客群。

人类的行为是动态的,永远离不开"衣、食、住、行、娱乐、工作和教育"这7种"刚性行为",除此之外"副业投资"也是大多数人偏好的行为,我们可以根据该座城市或项目所在区域的实际特点详细地列出这8大触点的发生区域和位置(图10-3),当然,所有触点必须要和项目的客群层次相匹配。

比如在"衣"方面,高端客户平时喜欢到哪些商场购物,我们如何去开拓这些商场,能否与品牌商家进行异业合作?在"娱乐"方面,他们一般选择哪一家旅行社或电商平台合作?他们的出行方式是什么?在"教育"方面,他们平时通过什么途径学习?他们的孩子一般会选择哪些培训机构,如何合作?

另外一种方法叫"客户职业分类法",这一方法一般用于导客量较大的项目。笔者在《房地产渠道营销一本通》里将有购买潜力的客户的职业分为10大类别(图10-4)。

金融系统指的是银行、证券公司、基金公司、保险公司、贵金属投资公司、期

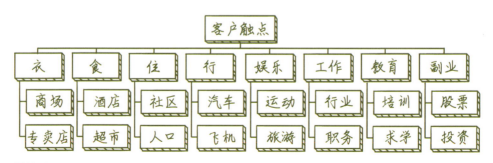

图10-3
客户的8大触点

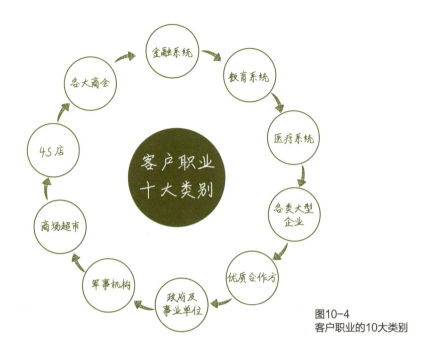

图10-4
客户职业的10大类别

货机构、民间融资机构等；教育系统指的是知名幼儿园、小学、中学、大学、科研机构、高端培训机构、MBA/EMBA等；医疗系统指的是综合性医院、专科医院、大型药房、疗养院等；大型企业指的是在该城市内知名的大型工厂、百强企业、效益较好的企业等；优质合作方指的是媒体、活动公司、施工单位、分包单位等。

渠道管理人员需要做的最重要的工作就是根据以上这十大类别梳理"客户资源表"，寻找到客户接触面、接触线和接触点。"客户资源表"要求罗列要尽量详尽，单位名称、单位地址、单位人数、组织构成、单位经济效益、对接人姓名、对接人电话等，有了这些资源信息之后，一定要在地图上标示出来，记住，不同的类别要用不同的符号标出来，以增强可识别性。

值得注意的是，以上两种绘制地图的方法是理论上的，我们在实际运用过程中，需要结合项目所在城市的具体情况，同时根据渠道团队现有的资源情况去绘制，不能贪大求多，否则很难做到精细化拓客。

# 28

## 豪宅常用的拓客手法

本书已经多次提到，豪宅项目的营销手法与普通项目相比只是思维方式和思考深度的不同，在技巧上并无异同，渠道营销亦然。我们在第一章中说到豪宅渠道营销的三大原则：大客户团队拓客原则、拓客动作圈层原则和立体原则、资源分配的"非公平"原则。这三大原则涵盖了拓客模式、拓客方式和管理方式三个领域，属于战略范畴，而不是技术范畴，本节我们来谈谈技术范畴的豪宅拓客手法。

一般来说，豪宅项目有五大拓客手法（图10-5）。

### 1. 资源嫁接与整合

关于豪宅的资源合作问题本书已经多次谈及，不过策划层面的资源合作与渠道

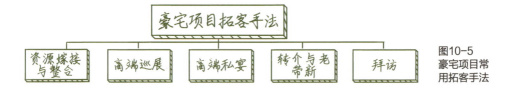

图10-5 豪宅项目常用拓客手法

层面的资源合作还是有差别的，策划以提升项目调性为主，而渠道则以提升业绩为主，所以渠道人一定要懂得资源的筛查。

资源的筛查从四个方面去进行：第一，资源方的产品定位与客群定位，使之与本项目的客群定位高度吻合；第二，资源方是否与其他开发商合作过，合作形式是什么，合作效果的评估；第三，资源方近期的品牌部署，是否存在与开发商合作的可能性；第四，资源方的客户数量与质量以及客户的喜好。

只有完成以上四方面的调研，才能筛选出优质客户，在融创很多豪宅项目中，操盘手首先看的不是资源合作的价格，而是资源的优劣，一般会硬性要求资源方提供客户姓名、工作单位、职务和电话号码，然后在资源合作的过程中与名单进行比对，如此精细化的管控才能带来好的效果。

不过，资源方也是商家，要想获得优质的客户资源，仅靠"整合"是远远不够的，此时需要我们秉承"双赢"思维盘活资源。任何一种交换都是对等的，只有你拿出了好的资源才能换取对方的优质资源，所以在整合资源之前你首先得明白"我有什么"。

### 特斯拉与房地产的跨界

2015年4月，苏州某项目携手特斯拉中国为广大客户举办了一场以"特立独行御风而驰"为主题的极速试驾之旅。这是"光速超人"特斯拉P85D在苏州的首次试驾之旅，也是世界尖端汽车与世界第3代豪宅的一次巅峰对话。

本次活动项目同时特邀中天财富理财机构高端理财客户参与试驾体验，正式的试驾活动还未开始，被称为世界最快的特斯拉P85D周边就涌现了欣赏的人群。特斯拉被誉为"下一个苹果"，由划时代的理想主义者领袖所创建，倡导绿色环保的科技理念，这与项目绿色科技住宅的理念不谋而合，因此也是开发商选择特斯拉合作的初衷。

本次特斯拉试驾活动赢得了试驾参与客户的一致好评，不仅能让客户进一步了解项目的生活格调，更能让业主体会到社区未来生活的氛围，为业主带来更多的精神享受和增值服务。

值得一提的是，特斯拉在这次活动中收获颇丰，现场有三位客户签署了订单，活动之后前去特斯拉展厅的客户还有十余位，这样的情况让特斯拉销售负责人喜出望外。经过这次合作之后，特斯拉成为该项目长期合作单位。

2. 高端巡展

普通项目巡展主要是针对商超和社区，豪宅项目巡展主要阵地在购物中心和五星级酒店，当然具体该怎么设置与客户地图息息相关。

高端巡展要想呈现更好的效果，需要把握三个要点（图10-6）。

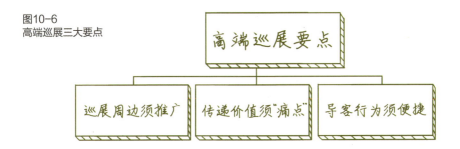

图10-6
高端巡展三大要点

### （1）巡展周边须推广

豪宅的巡展地点大多设置在城市内高端酒店，一般五星级酒店的客群属于高端人士，而且具有很强的聚集性。但限于酒店管控较严，我们的巡展位置不会太明显，所以我们需要在酒店内部通过LED屏、电梯广告牌甚至是室内广告来为巡展"造势"并起到一定的导视作用。

### （2）传递价值须"痛点"

入住酒店的人要么是商务需要要么是旅行需要，他们在获取楼盘信息时基本上用的是碎片化时间，一旦他们走进巡展点，我们切忌"恋战"，应快速直观地将项目特有的价值传递给客户，加强他们对项目的记忆点。他们临走时要赠送一份便于携带的物料，比如专门为旅行人士提供一份特制的城市交通或美食地图。当然，我们在选择酒店的时候首先考虑的是此酒店是否有大量的目标城市的客群。

### （3）导客行为须便捷

豪宅的价值都是体验而来的，我们在巡展过程中自然要以导客为第一要务，当客户提出要看房时，应该准备好看房车随时为客户服务。如果项目距离巡展点较远，在征得客户同意的情况下，在看房路线上可增加一个景点，缩短客户的心理距离。

## 3. 登门拜访

在融创的渠道体系中对拓客人员有6大能力的要求：策划创新能力、团队协作能力、成本控制能力、资源合作能力、数据分析能力和陌生拜访能力。

其中"陌生拜访能力"竟然被单独列出来，这与融创高端的产品定位有关，也与融创的渠道模式有关。因为融创很少与第三方渠道公司合作，自建团队的能力必须过硬，而他们又多采用资源整合的方式拓客，因此"陌生拜访"是每一位拓客人员的必备技能。

有很多人会发问：陌生拜访费时费力，何不通过熟悉的人介绍？

针对这一问题，笔者曾经对此进行了专项研究：某天，笔者打算认识一位生物医药公司的董事长，他是留美博士，曾经登上过湖南卫视某节目。为了不那么唐突，笔者决定通过政府招商局的朋友引荐。结果朋友反馈他与董事长也只有一面之缘，只有通过招商局领导此事才能办妥。于是，笔者又委托朋友找到他的领导，经过一周左右的时间他答应帮忙引荐。虽然答应了，但是事情推进的速度很慢，在一再催促下，他帮笔者约好了时间，对方答应从美国回来之后见面。仔细计算了一下，从委托朋友开始到见到董事长本人，总共耗时27天。后来，笔者再次做了一个实验：在不跟任何人打招呼的情况下，直接到他们公司找行政总监，第一天没有成功，被前台行政人员拦下，第二天准备了合作方案再次拜访，结果等待了一个多小时就见到他了。

笔者做这个实验就是想告诉大家：陌生拜访有的时候比通过熟人介绍要高效得多。当然，如果你所谓的"熟人"的确能很热心地帮助你，也是不错的途径。要知道，在一二线城市中，很多高端人士是很难通过熟人介绍的，只有通过服务、合作等方式才能快速打开突破口。

## 案例分析

### 苏州桃花源项目的拓客方案

桃花源是典型的高端豪宅，该项目在持销期运用了巡展、外地拓客、转介人等方式进行拓客，取得了不错的效果。当然，我们要明白它这么做的依据和前提，因为桃花源项目有30%的客户是来自周边城市以及北京、上海等一线城市，与部分五星级酒店的客群高度吻合。

以下是桃花源项目简单的拓客方案：

（1）高端巡展

选择洲际酒店、凯宾斯基、中茵皇冠、金鸡湖大酒店等作为巡展点，进行周期性、季节性投放。

选择高级购物中心久光百货、美罗商场作为巡展点，在销售旺季的时候投放。

重点维护以上商家的大客户经理、餐饮负责人、大堂负责人等，使之成为转介人。

（2）异地外拓

加大建立外地（上海、北京、山西、无锡、吴江、张家港、常熟、江阴等城市）客户导客通路。

成立外地拓展部，重点与上海兄弟项目销售负责人及相关领导签署导客合作协议。

南京、山西及苏州周边城市等通过意向客户和业主资源，进行精确圈层拓展。

（3）圈层拓展

通过"桃源会"搭建高端圈层客户平台。

加大"桃园会"平台功能，利用中国传统国学及苏州传统文化的合作，开展书画、旗袍、刺绣、手工艺品等传统中式技艺的展览。

（4）竞品转介人拓展

竞品项目湖滨四季、国宾一号、铜雀台、仁恒等重点发展转介人。

（5）圈层转介人拓展

针对意向客户、来访客户、圈层领袖、金融行业等重点发展转介人。

针对金鸡湖高尔夫俱乐部、奔驰车友会、游艇俱乐部等持续拓客。

（6）商会拓客

开发温州商会、河南商会、安徽商会、青年商会、青年企业家商会等资源，通过商会合作嫁接、家宴等形式展开拓客。

转介与"老带新"拓客方式本书前文已经具体介绍，本节不再赘述；"家宴"的方法本书将在下节阐述。

# 29 / 高端客户的导入手法

高端客户的导入一共包含四项内容：电话邀约、资源邀约、高管邀约和家宴邀约。其中，家宴邀约是豪宅渠道的重要导入手法。

## 1. 电话邀约

电话邀约有两大核心注意点：第一，邀约说辞的编写。还记得我们说过富人的四大关注点吗？"意义"是排在第一位的，这就要求我们编写的说辞事关客户的情感、事关客户的利益、事关客户身边的人。第二，邀约时间的选择。我们针对富人阶层方便接电话的时候进行了调研，得出如下结论（图10-7）：

由图10-7可以发现，邀约客户最佳时间其实是午饭后和晚饭前两个时段，这与普通人基本没有什么区别；上午11点之前和晚上8点之后千万不可打电话打扰，这是他们处理公务和应酬的密集期。

在邀约过程中需要注意的是：①客户要求"身份对等"，所以尽量告知客户有某重要领导或商界名人也来参与活动；②客户的态度再冷漠，要保持不卑不亢的态度，心平气和、条理清楚地把要传递的信息准确传达；③如果并非客户本人接听电

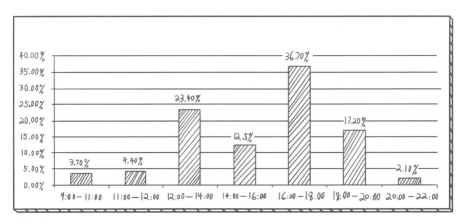

图10-7
高端客户方便接电话时间

话,而是助理或秘书接听,尽量不要说销售信息,而是强调事情的重要性,驱使他们主动汇报给客户;如果接听电话的是客户的家人,要把事情说清楚,而且要盛情邀请他们一起前来;④如果客户提出个性化的要求,如晚上来看房,我们应全力配合,并做好夜间看房的相关准备工作;⑤如果几次电话邀约后,客户依然借故没有时间而未至售楼处,可以拟定上门拜访计划。

2. 资源邀约

资源邀约一般是客户邀约的借口,要想让邀约能引起客户的重视,我们需要注意四点:第一,售楼处所导入的资源应符合客户的兴趣;第二,资源本身具有很强的吸引力,有行业领袖或名人的加持;第三,为客户定制的圈层活动最受客户欢迎;第四,要让每一次邀约动作充满仪式感。

3. 高管邀约

以公司高管的名义邀约客户是顶级豪宅惯用的一种邀约方式,适用于对项目有极大意向度即将成交而尚未成交的客户，高管亲自接待可以提高客户的尊崇感，同时可以对价格谈判起促进作用，缩短成交周期。

大家千万不要忽视高管接待这一环节，一定要像一场小型的圈层活动来对待，有三个注意点：第一，一般采用家宴的形式邀约客户及其家人；第二，一线人员要将客户所有信息告知领导，便于领导做洽谈准备；第三，高管在接待过程中一定要拿出最大的诚意，不要让客户觉得领导与一线人员的权限没有区别，这也失去了"高管邀约"的意义。

4. 家宴邀约

家宴是豪宅营销惯用的导客方式，不仅可以让客户亲身感受一下未来的豪宅生活，还可以拉近与客户之间的关系，利于后期的成交，也有利于激发老客户带新客户的兴趣。

不过，业内很多人对家宴心存误解，认为家宴就是单纯地邀请客户吃饭；从客户角度而言，富人阶层平时忙于各类应酬，愿意参加我们的家宴已经是勉为其难了。所以，家宴组织得不好反倒会成为"鸡肋"，本来挺不错的导客方式受到严重质疑。

精细化思维告诉我们，一定要从以下四个要点去做家宴（图10-8）。

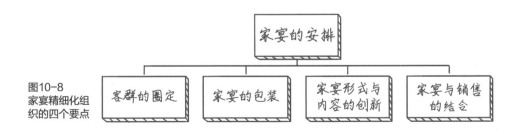

图10-8 家宴精细化组织的四个要点

### （1）客群的圈定

我们首先要明确一个信念：客户享受的不是美食，而是平台。

对于客户来说，饭局就是人情局，他们更加希望和志同道合的人一起共享晚餐，因此，我们需要对客群进行圈定，要么安排客户的亲友参加，要么安排在事业上有关联的人参加。

### （2）家宴的包装

家宴包装包括圈层的包装和菜品的包装。在圈层方面，一定要强调此次出席嘉宾的规格是很高的，他们参与此次的活动本身并不是简单的"吃饭"，而是在参与一次思想的碰撞、一次文化的旅程、一次财富的对话、一次爱心的奉献，务必要将家宴的举办意义提升到一定的高度；在菜品包装中，一定要强调其文化内涵，强调菜品的稀缺性以及主厨的知名度，毕竟，参与家宴的人规格非常高，对一般菜品是没有任何兴趣的。

### （3）形式与内容的创新

保持高度神秘是举办家宴活动的首要任务，毕竟，参与人员非富即贵，虽然是小型聚会也要保护他们的隐私。这就要求开发商增派安保人员负责接送，并维持家宴场所的安全，但是在迎接他们到来时，必要的仪式是不可避免的，如企业高管迎接、走红地毯等，这样做可以满足客户的虚荣心。

家宴毕竟是汇聚了众多高端人士的地方，因此，开发商老板及其高层管理人员应该亲自接待，以提升家宴的调性。

人在用餐的时候喜欢歌舞助兴，但是歌舞的形式不应阳春白雪，更不应该下里巴人，而是要选取有质感、较为新奇的表演内容，如小提琴合奏、南非奇人表演等，如有条件，表演内容最好与项目特质相契合，增强客户对项目的记忆。

(4) 家宴与销售的结合

家宴是一个沟通情感、反馈需求、增强产品价值的体验平台，销售类的信息要做到潜移默化，切不可急功近利，我们可以从三个方面将销售信息植入（图10-9）。

当然，我们还需要对所有参加家宴的客户建立台账，做好实时的跟踪与维护工作。表10-1显示的是华润深圳湾悦府项目在开盘前夕邀约客户及其朋友家宴后的情况反馈。

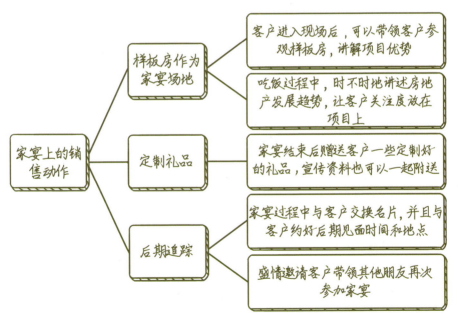

图10-9
家宴过程中销售信息的植入

华润深圳湾悦府家宴跟踪记录（部分）　　　　表10-1

| 序号 | 家宴时间 | 家宴带客人数 | 认筹数 | 新增意向客户 | 是否参观售楼处 | 是否认筹 | 是否成交 |
|---|---|---|---|---|---|---|---|
| 1 | 10月18日 | 17 | 1 | 元小姐 | 是 | 是 | 否 |
|   |         |    |   | 王先生 | 是 | 是 | 是 |
|   |         |    |   | 韩小姐 | 是 | 否 | 否 |
|   |         |    |   | 何小姐 | 是 | 否 | 否 |
|   |         |    |   | 欧先生 | 是 | 否 | 否 |
|   | 小结 | 17 | 1 | 5 | 5 | 2 | 1 |
| 2 | 11月1日 | 13 | 1 | 王小姐 | 是 | 否 | 否 |
|   |        |    |   | 彭小姐 | 是 | 否 | 否 |
|   |        |    |   | 杨小姐 | 是 | 否 | 否 |
|   | 小结 | 13 | 1 | 3 | 3 | 0 | 0 |

## 案例分析

### 苏州桃花源家宴

苏州桃花源的家宴非常受客户的欢迎，在销售期间，很多圈层人士都以能够在桃花源参加家宴而感到荣光。

为了做好家宴，桃花源特意精选了一支12人厨师团队，专门服务客户定制家宴；为了给客户更好的就餐环境，特意装修了一套样板房，可以同时容纳三到五桌人就餐。

桃花源家宴的定位是：舌尖上的苏州四季。

项目管理者要求厨师团队把苏州四季的特色菜做足，达到"唯独桃花源能代言苏州传统饮食文化"的境界。

家宴的包装首先体现在主题上：

他们推出了"四季宴"，即桃源春宴、桃源夏宴、桃源秋宴和桃源冬宴，除此之外，他们还经常推出特色主题的家宴，如桃源养生意境宴、乾隆下江南御宴等。

以《桃源春宴》为例：

图10-10
桃花源对每一道菜的包装(部分)

第一步：氛围营造"四香"。

"四香"是指花香、茶香、酒香和熏香。在桌子上放置冷碟和一篮子的鲜花，可以是玉兰、樱花和枸杞枝条，随意地堆放，符合苏州传统生活审美，外表即使平常，内里却是不疾不徐。

第二步：养生且符合时令的菜谱。

"春宴"菜谱为：塘鳢鱼、鳜鱼、甲鱼、酱汁肉、枸杞头、香椿头、马兰头、青团、春饼、圆子、黄连头、撑腰糕、酒酿、白蚬、亮眼糕、焙熟藕、野火饭、燕来笋、碧螺茶、虾仁等。为了提升菜品特色，他们将每一道菜都进行了包装（图10-10）；

另外，他们在客户邀约方面也做足了功夫，以下是"桃源养生意境宴"的邀约文案：

中国意境养生宴，源于宋朝，是目前中式宴中顶级的养生宴。养生宴源自中国国学与易经，是融合中国山水意境于各色菜系之中的、精致而又艺术的文化宴会。

特邀中国金牌御厨，度身打造东方意境养生宴，色、香、味、意、形、养，一应俱全。

桃源意境养生宴，于××年×月×日每晚限量推出！请提前7天预订。

近品"桃源意境养生宴"，远眺湖光山色，意境与气势，在桃源会淋漓尽致地呈现，诚邀您一同共赏。

# 30 / 数字化营销操作要点

长期以来，线上拓客一直被地产人所忽略，直至2020年初"新型冠状病毒肺炎"疫情的出现，改变了房地产营销的格局，让线上售楼处成为主动获客的重要方式，并且涌现了像恒大、新希望、阳光城等公司缔造的经典案例。

我们应该清楚地知道，商品房是大宗交易，线上售楼处更多的作用是获客，而不是交易，但是线上售楼处应该逐步成为获取用户、储备用户的主要渠道之一，甚至可以上升到营销战略层面！每一个大型地产公司都应该将其视为战略去加强部署，恒大地产的"恒房通"就是业内成功的典范。

笔者认为，"线上售楼处"的提法缺乏高度，"数字化营销"才是我们的方向，它不应该只是楼盘展示、互动传播的作用，更应该具备精准拓客、全民营销、渠道管理、意向登记、验资锁客、互动成交的全链条功能。

数字化营销要求我们打造一个灵活智能、可生长、可迭代的数字化平台。将公司各业务线发生关系的客户，从线下复制到线上，从静态提升为动态，从陌生到逐步了解，从无感到越来越喜爱，最终将客户转化为热爱公司品牌的"粉丝"和可以调动的伙伴。

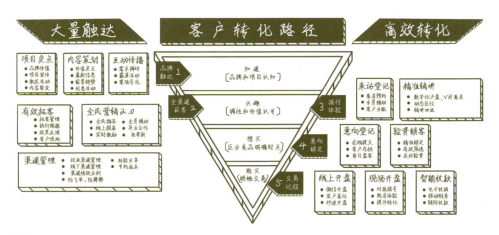

图10-11
针对不同阶段客户的数字化体系建设

原圈科技CEO韩剑通过一张图详细描述了不同阶段的客户对线上内容需求以及数字化技术的侧重点（图10-11）。

### （1）品牌及项目认知阶段

对于初始阶段的客户，我们的主要工作是两项：第一，尽快让客户获知项目的卖点，并使之需求与产品快速匹配；第二，让客户主动转发，在其圈层内产生互动性传播，从而形成项目的初始流量池。

这个阶段对线上内容的要求很高，内容推广有很多种：图文内容、活动内容、电子名片、3D沙盘、微楼书、调研问卷、互动视频等，传统观念是"人看内容"，而通过技术层面可以做到"内容看人"，内容不仅可以看人，内容还可以感知到什么人在什么地方拿着什么设备看什么样的内容，看了多久，是否转发，影响力怎么样，带来了多大效果。通过技术手段可以解决客户对内容的偏好，从而与销售员或渠道人员建立起联系。

内容要把传播与转化结合在一起，有情、有趣、有利、有用的内容才是线上营销的重要组成部分，让客户觉得你的品牌是有温度、有调性、有社会责任的。一线营销人员手上应该有一个全面、精彩、有效的内容工具箱，而不是一个简单的楼盘详情。一旦有了工具箱，一线人员才可以根据不同的客户传递不同的内容。

（2）客户产生兴趣阶段

当客户对项目产生兴趣的时候，我们应该根据线索定向地向客户推送项目信息，并且通过全民经纪人系统获取客户的有效信息，还可以通过异业联盟、激励转发等形式多维度对客户形成影响。在销售端，预约看房、VR看房、销讲回放等形式可以让客户有初步的体验。

同时，数字化营销的后台可以对客户的来访路径进行动态分析和精确定位，防止渠道与案场内部产生客户归属不清的问题。除此之外，后台还可以对广告投放、渠道效果等进行分析，真正做到精准定位，降低费效比。

（3）客户产生意向和购买阶段

此时需要一个强大的登记系统和锁客系统，通过验资这一手段对客户的意向再次筛选，确保资源的有效利用。在购买阶段要提供线上开盘和智能收款服务，实现整个环节的全数字化。

当然，数字化营销工作是一个体系化工程，是一个任重而道远的工作，从技术层面来说是完全可以达到的，但是很多公司缺乏战略层面的认知，对于公司总部而言，要建立一套数字化营销系统，让公司以可持续、可累积、可迭代的方式获客，让项目的营销工作越来越容易；要构建一套真正能调动员工、合作伙伴和业主的获客制度，把"客带客"和"全民营销"带到新的高度，实现"通盘通客"，客户资产集团化。

豪宅项目也要重视数字化营销，因为豪宅有着天然的优势：第一，豪宅非常容易形成独特的IP，这会让项目在线上获取到相对精准的流量；第二，豪宅讲究的是圈层营销，一旦有客户对项目内容感兴趣并有了转发行为，则会撬动他的朋友圈，我们可以根据转发路径和阅读路径知道哪些客户对项目感兴趣。

未来的营销是什么？我们认为是一个多触点、多渠道、可量化的有机系统，从投放传播的时候就可以量化，一直到客户互动、发现客户、到访管理、成交管理、分销管理等，从而实现客户的高转化，提升客户的满意度，给客户带来完美的体验。线上获客系统一定会被打造成为一站式客户中心，线上营销系统将会逐步融合打通官网、小程序、集团所有微信公众号、APP等互联网载体，成为地产公司的核心战略。

## 后记

现在是2020年3月23日凌晨2：25，我有一种如释重负的感觉，这本《豪宅营销的十大创新思维》经过两年的筹备，终于宣告完稿，完成了我对业内朋友们的诺言。

豪宅营销是近20年以来地产界和营销界的重点研究对象，至今还有很多前辈依然在践行的路途中，有的通过实践积累着经验，有的通过文字表达着观点，我的很多研究成果都得益于大家的辛勤耕耘，在此向豪宅领域的践行者们致敬。

此时，"新型冠状病毒肺炎"疫情在全国人民的共同奋战下已经得到了有效控制，胜利的曙光就在眼前。整个2月份我隔离在家，几乎每天都在震撼与感动中度过，我为中华之崛起而震撼，为强大的民族凝聚力而震撼，为无数奋战在疫情一线的工作者而感动，为无数爱心人士的善举而感动，只有在危难时刻才能显现人性的弱点和光辉，而此次疫情让我们看到了一个正在崛起的中国！

我不知道大家通过此次疫情心理状态会有怎样的变化，我想说的是：它彻底改变了我的人生观！

很多人说：浩瀚宇宙苍穹，我们每个人都是天地间的一颗微尘，做好自己慰平生，足矣！若回到以前，我对这句话甚是认同，可现在我会寻找这颗微尘的价值：既然来到人世间，何不激起水中天？

淮南王刘安曾说过："苟利于民，不必法古；苟周于事，不必循旧。"世界格局正在发生转变，中国正在以稳健的步伐变革创新、开放融通，这是一个最好的时代，我们岂能辜负！

没错，我们只是无数地产人的一分子，能做的很有限，但20年前谁能想到今天房地产发展得如此迅猛？我们谁又能想到今天的商品房已经成为国人精神的寄托？

而这每一步的发展都离不开每一代地产人的努力和大胆的变革。

可以预见的是，疫情之后，中国的新业态、新零售会得到进一步发展，生物医药技术会备受国人重视，国家的综合治理能力得到巩固和提高，房地产行业一定会迎来新的契机和挑战——

在契机方面，国人对住房的改善型需求会增加，具有高舒适度的房子和健康型的社区会更受欢迎；部分人会考虑拥有第二居所，尤其是度假休闲功能的需求会得以提升；在挑战方面，客户会对物业服务提出更为严苛的要求，我们该如何更好地服务客户？客户会强调活动空间的尺度感，我们该如何解决尺度感与高总价之间的关系？

这些是远远不够的，我们需要站在战略层面思考人与建筑和自然之间的关系，思考5G时代来临之后对人们生活方式的改变，思考如何为客户构建坚不可摧的社区防护体系，思考重新构建房子在人们心中的价值体系，思考在营销层面如何更好地服务客户，甚至可以思考房地产开发的新模式，为推动行业进步和变革做出自己的贡献！

有一句话，我很喜欢——

能战，而不敢，是为弱；

能战，而不愿，是为善。

此为善弱之分。

我们是中国地产界的中坚力量，同时也是中国发展的中坚力量，自强不息之中国岂容我们置身事外、冷眼旁观？如此光芒万丈的时代，我们每一个人都不能缺席，要勇敢地肩负起使命，为成为一名地产变革者而信步前行！